U0798261

工会劳动保护工作百问百答

许素睿◎编著

GONGHUI
LAODONG BAOHU GONGZUO
BAIWEN BAIDA

中国工人出版社

前言

P R E F A C E

工会劳动保护工作是法律赋予工会组织维护职工安全健康权益的一项重要职责，是工会工作的一项重要任务，在国家安全生产和职业病防治工作中发挥着重要作用。党的十八大以来，以习近平同志为核心的党中央始终关心关爱工人阶级，高度重视安全生产工作，就安全生产发展理论责任体系、深化改革、依法治理、科技创新、源头治理、应急救援等作出一系列重要讲话和指示批示。党的十九大明确指出要树立安全发展理念，弘扬生命至上、安全第一的思想，健全公共安全体系，完善安全生产责任制，坚决遏制重特大安全事故，提升防灾救灾能力，把实施健康中国战略作为保障和改善民生的重要任务，为加强工会劳动保护工作进一步指明了方向、提出了要求。党的二十大报告明确要求，坚持安全第一、预防为主，建立大安全大应急框架，完善公共安全体系，推动公共安全治理模式向事前预防转型。推进安全生产风险专项整治，加强重点行业、重点领域安全监管。中国工会十八大指出，要完善工会劳动保护监督机制，加强安全生产和职业健康工作，深化“安康杯”竞赛等群众性安全生产活动。

加强工会劳动保护工作，是促进企业安全发展的有效举措，是维护职工安全健康权益的必然要求，是团结动员广大职工为国家安全生产和职业病防治形势持续稳定好转建功立业的具体体现。

为帮助广大工会工作者更好地做好工会劳动保护工作，本书从基础知识、组织建设、参与管理、安全生产检查、参加事故调查处理、教育培训以及工作方法和载体七个方面，梳理了119个问题，力图通过一问一答的形式，以理论和实务相结合的方式，比较全面、系统准确地阐述工会劳动保护工作的地位作用、性质特点、法律依据、方法载体以及重点难点问题。为便于学习、培训和使用，本书选择了50个重要知识点，编写了相关自测题和答案，并附录与劳动保护工作密切相关的政策文件，希望能给广大工会劳动保护工作者提供帮助。

本书的编写主要依据《中华人民共和国工会法》《中华人民共和国劳动法》《中国工会章程》和涉及劳动保护工作的相关法律法规，参考了全国总工会对劳动保护工作的要求及制度规范，也汲取了全国各级工会劳动保护部门和广大劳动保护工作干部的积极探索、丰富实践和创新成果，在此表示衷心的感谢！由于编者水平有限，本书难免存在不足和疏漏之处，敬请广大工会劳动保护工作者和读者朋友批评指正！

编　者

2024年5月

目录

C O N T E N T S

第一部分 基础知识

第二部分 组织建设

JI CHU ZHI SHI

第一部分

基础知识

1 什么是工会劳动保护?

劳动保护是指为了保障劳动者在生产劳动过程中的安全与健康，从法律、制度、组织管理、教育培训、技术、设备等方面采取的一系列综合措施的总称。它是根据国家法律、法规，依靠技术进步和科学管理，采取组织措施和技术措施，消除危及人身安全健康的不良条件和行为，防止事故和职业病，保护劳动者在劳动过程中的安全与健康，其内容主要包括劳动安全、劳动卫生、女工保护、未成年工保护、工作时间与休假制度等方面。政府部门和企业也把它称为安全生产，高校与科研机构常常把这项工作称为劳动（职业）安全卫生（健康）。

工会劳动保护是指工会依据法律赋予的职权，监督企业和有关方面贯彻国家有关劳动安全卫生的法律法规，发动职工群众参与安全生产和职业病防治工作，督促企业不断改善劳动条件，维护职工在生产劳动过程中的安全与健康合法权益。工会劳动保护也称职工劳动保护，即工会组织根据自己的性质和特点，为确保劳动者在生产过程中的安全和健康，组织发动劳动者积极参与各项劳动保护监督检查活动。

工会劳动保护工作是法律赋予工会组织维护职工安全健康权益的一项重要职责，是工会工作的一项重要任务，在国家安全生产和职业病防治工作中发挥着重要作用。

2 工会劳动保护工作的目的是什么？

劳动安全卫生工作直接涉及职工的生命安全与身体健康，是职工根本利益所在。因此，工会开展劳动保护工作，其目的就是要按照党和国家赋予工会在劳动安全卫生工作中的职责，通过监督用人单位和有关方面贯彻执行国家有关劳动安全卫生的法律法规，督促用人单位不断改善生产作业环境和条件，通过组织和发动职工群众参与劳动安全卫生工作，以此来保障职工的安全与健康，避免和减少工伤事故、职业病的发生，维护职工的安全健康合法权益。

劳动保护的目的首先是保护劳动者免受事故伤害和职业病危害，同时也保证生产的正常进行。工会劳动保护工作的目的是保障劳动者的安全与健康，预防和减少伤亡事故和职业病的发生，维护职工群众在生产劳动过程中的安全与健康，保障企业生产的顺利进行，促进国民经济快速、稳定、健康发展。

3 开展工会劳动保护工作的重要意义是什么？

党的十八大以来，习近平总书记高度重视安全生产工作，就安全生产发展理论、责任体系、深化改革、依法治理、科技创新、源头治理、应急救援等方面，作出一系列重要讲话和指示批示。党的十九大明确指出要树立安全发展理念，弘扬生命至上、安全第一的思想，健全公共安全体系，完善安全生产责任制，坚决遏制重特大安全事故，提升防灾救灾能力，把实施健康中国战略作为保障和改善民生的重要任务，为加强工会劳动保护工作进一步指明了方向、提出了要求。党的二十大报告明确要求，坚持安全第一、预防为主，建立大安全大应急框架，完善公共安全体系，推动公共安全治理模式向事前预防转型。推进安全生产风险专项整治，加强重点行业、重点领域安全监管。

加强工会劳动保护工作，是贯彻落实习近平总书记关于安全生产工作的重要指示批示精神的应有之义，是促进企业安全发展的有效举措，是维护职工安全健康权益的必然要求，是团结动员广大职工为国家安全生产和职业病防治形势持续稳定好转建功立业的具体体现。新时代工会劳动保护工作只能加强，不能削弱；只能改进提高，不能停滞不前。各级工会要深刻领会习近平总书记关于安全生产工作的重要指示批示精神，提高政治站位，从增强“四个意识”、坚定“四个自信”、做到“两个维护”的政治高度，充分认识做好工会劳动保护工作的重要性，以认真负责的态度和有力有效的措施切实把工会劳动保护工作抓紧抓实抓好。

4 怎样认识工会劳动保护工作的地位?

工会作为职工利益的表达者和维护者，在劳动保护工作中具有独特的地位。工会劳动保护工作的地位主要体现在以下三个方面：

（1）国家法律赋予工会的一项极为重要的职责。

中国共产党的根本宗旨是全心全意为人民服务，社会主义国家的根本任务是发展生产力，不断满足人民日益增长的物质和精神需要。党和国家的性质决定了劳动者享有安全和健康工作的权利。国家法律赋予工会表达和维护劳动者合法权益的职责。我国《劳动法》《工会法》《安全生产法》《职业病防治法》等相关法律对工会劳动保护的地位和劳动者获得劳动保护的权利作出了明确的规定。《劳动法》规定：“工会代表和维护劳动者的合法权益。”《工会法》规定：“维护职工合法权益、竭诚服务职工群众是工会的基本职责。”职工因工伤亡事故和其他严重危害职工健康问题的调查处理，必须有工会参加。《安全生产法》《职业病防治法》等有关法律都明确规定了工会在这方面的职权。依照我国法律，劳动者享有获得劳动安全卫生保护的权利，有权依法参加和组织工会。工会组织表达劳动者的利益，依法维护他们的合法权益。工会代表劳动者监督劳动安全卫生法律、法规的贯彻执行，维护劳动者生命安全和身体健康权益。

（2）在国家安全生产工作格局中具有独特的地位。

做好劳动保护工作，保证企业安全生产，关系到经济发展和社会稳定，需要政府领导和监管；关系到企业的生存发展，需要企业遵守有关法律法规和方针政策，担负起“主体”责任；关系到劳动者的安全健康，需要劳动者及其代表者的“群众监督参与”。工会劳动保护工作在“政府统一领导、部门依法监管、企业全面负责、群众监督参与、全社会广泛支持”的国家安全生产工作格局中，代表劳动者实行“群众监督参与”。工会组织根植于基层企业和职工群众之中，在和其他各方的密切配合中，具有自己的优势，能够形成通力合作、齐抓共管、综合治理的安全工作体制。实践证明，“群众监督参与”在保证安全生产、发展经济、维护安定团结、建设和谐社会方面具有不可替代的重要作用。

（3）我国工会工作的重要组成部分。

维护职工合法权益、竭诚服务职工群众是工会的基本职责。劳动者的合法权益包括经济利益、民主权利、精神文化权益等，而最基本的是人的生命安全和身体健康的权益。劳动者如果因事故死亡，则被剥夺了自身的“生存权”，导致其获取经济收益的目的、意义和能力全部丧失，此时再谈维护其经济利益、民主权利和精神文化权益则毫无意义。劳动者如果因工伤致残或因职业病失去了劳动能力，则是被剥夺了健康权。因此，维护劳动者生存权和健康权是工会履行维权职责的基础性工作。

5 工会劳动保护工作的作用是什么?

工会作为职工利益的表达者和维护者，在维护职工安全健康权益中发挥着重要作用。

（1）发挥群众性安全生产的作用。

广大劳动者处在生产第一线，最了解哪里有事故隐患，哪里有职业病危害；广大劳动者往往是生产事故和职业病危害的直接受害者，对做好劳动保护工作、确保安全生产的要求最迫切，对监督也最有发言权。工会作为劳动者合法权益的表达者和维护者，代表劳动者的意愿和需求，依照“预防为主、群防群治、群专结合、依法监督”的原则，开展调查研究、安全检查、排查隐患、“三同时”审查验收等工作，进行群众性劳动保护监督检查，协助企业查找安全生产工作中存在的突出问题，并督促企业弥补和纠正，促进企业不断改善工作条件与环境，从而达到防治职业病危害、防范伤亡事故发生、保护劳动者在生产过程中的生命安全和身心健康的目的。

（2）肩负着提高职工安全意识和安全技能的重任。

工会通过监督企业对劳动者进行正规的上岗安全培训，履行法定的职业伤害、毒害告知义务，进行防护技能训练；利用各种宣传阵地开展劳动保护教育，帮助职工了解国家有关劳动安全卫生的法律法规和企业的安全生产规章制度，帮助劳动者获知自己的权利和应履行的义务，增强劳动者安全生产责任感和自我保护的意识和技能，提高劳动者的劳动安全卫生素质。

（3）为国民经济快速持续健康发展提供了保障。

做好劳动保护工作，可以增强劳动者的安全感和对企业、对社会的认同感，更有力地调动广大劳动者的工作积极性，提高劳动生产率，保证企业生产经营活动的正常进行，增强企业在市场上的竞争能力，获得更好的经济效益，推动企业和社会经济发展。

6 新时代工会劳动保护工作的总体要求是什么?

新时代工会劳动保护工作的总体要求：以习近平新时代中国特色社会主义思想为指导，全面落实党中央、国务院关于安全生产和职业病防治工作的重大决策部署，牢固树立以人为本、生命至上的安全发展理念，切实履行法律赋予工会组织的职责，有效维护职工的安全健康权益。充分发挥工会组织作用，不断深化以“安康杯”竞赛为载体的群众性安全生产和职业病防治活动，大力提升工会劳动保护监督检查水平，努力提高广大职工的安全意识和技能，团结动员广大职工为国家安全生产和职业病防治形势持续稳定好转建功立业。

7 工会劳动保护工作的主要任务有哪些?

工会劳动保护工作的主要任务有以下六项：

（1）宏观参与和基层参与。工会代表和组织职工参与国家和社会事务的管理与企业管理，是法律赋予工会的一项重要职责，是工会维护职工国家主人翁地位和当家作主权利的重要渠道。在劳动安全卫生工作中，为维护劳动者在生产过程中的安全与健康，工会必须高度重视宏观参与和基层参与。在参与中坚持为职工群众说话，代表他们的意愿，反映他们的要求，并不断提高参与能力，力争变事后维权为事前介入，增强维权的前瞻性。工会参与国家和社会事务的管理，主要包括参与立法、参政议政等内容；参与企业管理包括职工代表大会和其他形式参与企业民主管理和民主监督、参与企业劳动争议处理等。宏观参与和基层参与的关系是相辅相成、相互促进的。基层参与是工会参与的基础，这种参与主要是工会组织职工直接参与企业安全生产管理。宏观参与是工会参与的最高形式，也是基层参与的必要保障，这种参与主要是工会代表职工通过各种途径参与国家劳动保护法律、法规、标准和有关政策的制定与出台。

（2）安全检查。安全检查是一项综合的安全生产管理措施，是建立良好的安全生产环境与秩序，保证安全生产目标实现的有效手段，是企业防止、减少事故和职业病危害的有效方法。安全检查是工会维护职工安全健康合法权益的重要途径与手段，通过开展各种形式的群众性的安全生产检查，可以宣传党和国家安全生产方针政策和法律法规，促进企业负责人、管理者和职工群众提高安全意识；可以发现在生产过程中的不安全因素，督促采取有针对性的措施，消除不安全因素；还可以发现、总结安全生产的好经验，推动企业搞好安全生产。

（3）工会对生产性建设工程项目“三同时”的监督。“三同时”是指新建、改建、扩建生产性建设工程项目的劳动安全卫生设施，必须与主体工程同时设计、同时施工、同时投入生产和使用。工会依法对“三同时”进行监督，主要是监督新建工程项目的劳动安全卫生设施是否齐全，作业条件是否符合国家相关标准，以防止新建、改建、扩建生产性建设工程项目产生新的隐患，避免历史遗留隐患未消除又产生新的隐患，从而保障职工在生产过程中具有最基本的安全生产条件。

（4）参加伤亡事故调查处理。参加伤亡事故的调查处理是工会劳动保护工作的重要内容，也是法律赋予工会的重要职责。作为职工权益的代表者和维护者，工会在参加伤亡事故调查处理时要特别注意保护职工的合法权益：是否有瞒报、漏报的情况；调查、分析事故原因和确定、处理事故责任者时，是否全面、公正；职工是否依法获得工伤保险待遇和用人单位的民事赔偿。

（5）开展预防事故及职业病危害的各种群众性活动。针对企业生产中存在的事故隐患和职业病危害，发动、组织广大职工群众开展各种卓有成效的预防事故和职业病危害的活动，是工会劳动保护工作的一项重要内容。如发动、组织广大职工开展广泛的群众性“反违章”“查隐患、堵漏洞、排险情”安全活动；发动、组织职工群众开展各种形式的安全竞赛；发动、组织职工群众直接参加整治事故隐患及改善劳动条件；班组安全建设等。

（6）劳动保护教育培训。工会劳动保护教育培训的对象是各级工会劳动保护干部和广大企业职工。劳动保护教育培训是劳动保护工作的重要组成部分，定期进行劳动保护教育培训，目的是使广大工会劳动保护干部掌握国家有关劳动安全卫生的法律法规和政策，正确认识做好工会劳动保护工作的重要性，提高专业水平和维护职工安全健康权益的能力；使广大职工群众熟悉国家有关劳动安全卫生的法律、法规、政策以及企业有关安全生产规章制度，知道自己在安全生产中享有的权利和应履行的义务，不断提高安全素质，做到自觉遵章守纪，最大限度地减少伤亡事故的发生。工会可以独立开展劳动保护教育培训，也可以会同行政联合开展此项工作。工会劳动保护干部教育培训的主要内容是国家有关劳动安全卫生的法律、法规、标准和政策，《工会劳动保护监督检查员工作条例》《基层工会劳动保护监督检查委员会工作条例》和《工会小组劳动保护检查员工作条例》，劳动安全卫生专业知识，工会工作基本理论和业务知识，等等。职工劳动保护教育培训的主要内容是国家有关劳动安全卫生的法律、法规、标准和政策，企业劳动安全卫生规章制度，职工在企业劳动安全卫生工作中享有的权利和应尽的义务，职工如何维护安全健康合法权益，等等。

8 什么是工会劳动保护“三个条例”？

工会劳动保护“三个条例”是指《工会劳动保护监督检查员工作条例》《基层工会劳动保护监督检查委员会工作条例》和《工会小组劳动保护检查员工作条例》。

1985 年 1 月 8 日，中华全国总工会书记处第 63 次会议讨论通过了《工会劳动保护监督检查员工作条例》《基层工会劳动保护监督检查委员会工作条例》和《工会小组劳动保护检查员工作条例》。“三个条例”的颁发，为工会劳动保护工作提供了遵循和依据，使各级工会劳动保护工作向规范化迈进了一步。1997 年和 2001 年，中华全国总工会先后对“三个条例”作了两次修改。“三个条例”是突出工会维护职能，履行监督检查职责，落实“安全第一，预防为主，综合治理”的方针，组织和发动广大职工搞好群众性劳动保护监督检查工作的规范性、指导性文件，也是广大职工进行安全健康合法权益自我保护的有力武器。

9 工会劳动保护工作的对象包括哪些人？

工会劳动保护工作的对象是劳动者，即全社会从事职业活动的劳动者。我国的劳动立法一般采用狭义的劳动保护概念。

劳动保护的目的是保障劳动者的安全与健康，既要使劳动者防止或避免受到伤亡事故的伤害，以保障劳动者的人身安全，又要提供良好的生产劳动或工作环境，合理安排劳动者的工作时间与休息休假，合理组织生产劳动，防止或避免劳动者受到有害职业因素（如有毒物质、粉尘、振动、噪声、电磁辐射等）的危害，以保障劳动者的健康。因此，工会劳动保护工作的对象是全社会从事职业活动的劳动者。

从行业性质来看，既包括工矿企业的劳动者，也包括农林、牧渔企业和财贸、服务行业的劳动者；从企业经济类型来看，既包括公有制企事业单位的劳动者，也包括其他各种所有制企事业单位（如私营、民营、外资、乡镇企事业单位等）的劳动者。总之，只要是中华人民共和国境内依靠劳动取得工资收入的劳动者，都是工会劳动保护的对象。

10 劳动者享有哪些劳动保护权利？应履行哪些义务？

国家劳动安全卫生法律法规对劳动者获得劳动保护的权利与义务作出了明确规定，这些规定是劳动者维护自身安全健康合法权益的有力武器。

（1）劳动者享有的劳动保护权利。《劳动法》规定：劳动者享有平等就业和选择职业的权利、取得劳动报酬的权利、休息休假的权利、获得劳动安全卫生保护的权利、接受职业技能培训的权利、享受社会保险和福利的权利、提请劳动争议处理的权利以及法律规定的其他劳动权利。可见，获得劳动保护是劳动者的基本权利之一。关于劳动者享有的劳动保护权利，《安全生产法》和《职业病防治法》对此都作了明确规定，归纳起来主要包括以下内容：要求获得劳动保护的权利和劳动合同保障的权利，对危险、有害因素和应急措施的知情权，民主参与劳动安全卫生工作的权利，获得教育培训的权利，拒绝违章指挥、强令冒险作业的权利，紧急情况下避险的权利，对劳动安全卫生工作提出批评、检举和控告的权利，获得职业健康服务的权利，获得经济补偿的权利，享有工伤保险和要求民事赔偿的权利，提请劳动争议调解、仲裁和提起诉讼的权利。特别需要指出的是，劳动者在行使各项权利时，应该注意三个问题：一是所行使的权利必须是法律规定的权利；二是以正当的方式（合法的方式）行使权利；三是行使权利时，不得损害他人的合法利益和社会公共利益。

（2）劳动者在劳动安全卫生方面应当履行的义务。劳动者在享有上述劳动保护权利的同时，也必须履行相应的义务。《劳动法》规定，劳动者应当“执行劳动安全卫生规程，遵守劳动纪律和职业道德”。《安全生产法》《职业病防治法》等法律也对劳动者在劳动安全卫生方面必须履行的义务作了阐述，概括起来主要包括以下几个方面：①遵守劳动安全卫生规章制度和操作规程的义务；②服从管理的义务；③正确佩戴和使用劳动防护用品的义务；④掌握劳动安全卫生知识与提高技术技能的义务；⑤发现安全生产和职业病危害事故隐患并及时报告的义务。

ZU ZHI JIAN SHE

第二部分

组织建设

11 工会劳动保护的职能机构及其主要职责是什么?

工会劳动保护工作政策性、专业性强，既要履行法律法规赋予的监督职责，又要积极协助、配合有关部门做好工作，所以建立健全工会劳动保护组织体系，对于做好工会劳动保护工作尤为重要。

各级总工会设立劳动保护部门，配备相应的劳动保护干部，是保证工会劳动保护监督检查职责落到实处的重要前提。工会劳动保护职能机构由国家、地方（产业）和企（事）业三级组成。国家一级，在全国总工会设劳动保护机构，负责全国工会系统的劳动保护工作；地方（产业）一级，在省、市总工会（产业工会）设相应的劳动保护机构（专人），县总工会设专人，负责劳动保护工作，负责本行政区域（产业）的劳动保护工作；企（事）业一级，大型企业工会通常设劳动保护机构，中小型企业工会设专人，负责劳动保护工作。

各级工会劳动保护职能部门依法履行下列职责：

（1）参与劳动安全卫生法律法规、标准和重大决策、措施的制定，监督劳动安全卫生法律法规和政策的贯彻落实。

（2）监督检查本地区（产业）、行业和企事业的劳动安全卫生工作，对劳动安全卫生现状进行分析和研究，对危害职工劳动安全健康的问题进行调查，向政府有关部门、企业单位反映需要解决的问题，提出整改的意见和建议。

（3）制止违章指挥和违章作业。在监督检查中，发现存在事故隐患、职业病危害和违反国家劳动安全卫生法律法规的问题，要求企事业单位进行整改，监督企事业单位采取防范事故和职业病危害的措施；发现重大事故隐患或严重的职业病危害，向企事业单位或当地有关部门发出书面整改建议，并督促解决；对拒不整改的，提请政府有关部门采取强制性措施。

（4）对发现重大事故隐患和严重的职业病危害危及职工生命安全的紧急情况，向企事业单位行政或现场指挥人员要求采取紧急避险措施，包括立即从危险区内撤出作业人员、支持或组织职工采取必要的避险措施并立即报告。

（5）依法参加职工伤亡事故和职业危害事件的调查处理，监督企事业单位采取防范措施，对造成伤亡事故和经济损失的责任者提出处理意见和建议。

（6）参加新建、扩建和技术改造工程项目的劳动安全卫生设施的设计审查和竣工验收，对劳动条件和安全卫生设施存在的问题提出意见和建议。

（7）监督和协助企事业单位严格执行国家劳动安全卫生规程技术标准，建立健全劳动安全卫生制度；监督检查劳动安全卫生设施的运转情况；监督检查劳动安全卫生技术措施计划的执行及经费投入、使用情况。

（8）参与集体合同有关劳动保护条款的平等协商与签订工作，并对合同相关条款的执行情况进行监督检查。

（9）宣传国家劳动安全卫生法律法规、政策及企业的各项规章制度。组织职工开展形式多样的安全生产活动，教育职工遵章守纪，帮助职工提高维权意识和安全生产技术技能。

（10）督促企事业单位按照国家有关规定发放劳动安全卫生防护用品、用具，监督企事业单位定期对职工进行职业性健康检查。监督企事业单位履行对职业病患者的诊断、治疗和康复的责任，督促落实工伤待遇及相关赔偿。督促和协助落实有关女职工和未成年工保护的有关规定。

12 工会劳动保护监督检查员的设立范围和任职条件是什么?

工会劳动保护监督检查员是各级工会组织开展劳动保护监督检查的骨干力量，在工会劳动保护工作中发挥着重要作用。

《工会劳动保护监督检查员工作条例》第三条规定：“在县（含）以上总工会、产业工会中设立工会劳动保护监督检查员。可聘请有关方面熟悉劳动保护业务的人员担任兼职工会劳动保护监督检查员。”考虑到加强乡镇（街道）工会组织发展建设和作用发挥，《工会劳动保护监督检查员管理办法》中增加了在乡镇（街道）工会、县（区）所属产业（系统）工会设立工会劳动保护监督检查员的要求。

监督检查员在所属总工会和产业工会的领导下开展监督检查工作，代表工会组织执行监督检查任务。为弥补工会劳动保护干部在专业知识方面的不足，可聘请在某一专业领域有较深造诣的专家、工程技术人员、高等院校的劳动安全卫生专业教授等作为兼职劳动保护监督检查员。

工会劳动保护监督检查员应具有大专以上文化程度，有较高的政策、业务水平，熟悉和掌握有关劳动安全卫生法律法规和劳动保护业务，具有一定的生产实践经验，并从事工会劳动保护工作一年以上；科级以上、从事五年以上劳动保护工作的工会干部也可以担任工会劳动保护监督检查员。工会劳动保护监督检查员应懂政策、懂理论、懂技术，既有调查研究的能力，又有综合分析问题、解决问题的能力。同时，还要熟悉国家劳动安全卫生法律法规和标准，具有工业生产的专门业务知识、生产实践经验及群众工作的能力。

13 工会劳动保护监督检查员的审批、任命和备案程序是什么?

全国总工会、省（区、市）总工会、全国产业工会、省辖市总工会、县（区）总工会对工会劳动保护监督检查员有审批任命权。工会劳动保护监督检查员实行四级任命制度，即省（区、市）总工会、全国产业工会和全国总工会有关部门的工会劳动保护监督检查员由全国总工会审批任命；省辖市总工会、省产业工会的工会劳动保护监督检查员由省（区、市）总工会、全国产业工会审批任命，报全国总工会备案；县级总工会的劳动保护监督检查员由省辖市总工会审批任命，报省（区、市）总工会备案；乡镇（街道）工会、县（区）所属产业（系统）工会的工会劳动保护监督检查员，由县（区）总工会审批任命，报地（市）总工会备案。

工会劳动保护监督检查员任命前必须经过劳动保护岗位培训并考核合格。岗位培训由任命单位负责组织，受训人员经考试合格，由培训单位颁发岗位培训合格证书。负责劳动保护工作的工会主席或副主席也应按程序被任命为工会劳动保护监督检查员。符合任命条件的人员由其所属工会组织向上级工会组织申报，经审查同意后任命，并颁发工会劳动保护监督检查员证件。工会劳动保护监督检查员证件由全国总工会统一印制。

14 工会劳动保护监督检查员与工会组织是什么关系?

工会劳动保护监督检查员在其所属工会组织的领导下工作，代表工会组织依法实施劳动保护监督检查；也可受任命机关委托，代表任命机关执行监督检查任务。各级工会组织任命的工会劳动保护监督检查员或聘请的兼职工会劳动保护监督检查员，执行监督检查任务时都是代表任命机关进行工作，是在其所属工会组织领导下实施劳动保护监督检查工作的。任命单位指派熟悉有关业务的工会劳动保护监督检查员代表工会组织参加安全评价、安全检查、“三同时”审查验收和重特大事故的调查处理工作，其所属工会组织应予以支持。监督检查员在工作中，一方面，要密切联系职工群众，听取他们的反映，及时向领导汇报和沟通，避免工作上的失误；另一方面，在参与立法、调查处理伤亡事故和职业病危害、参与“三同时”审查验收、监督企业整改事故隐患等工作中提出的意见和建议，都是代表工会组织的，而非个人行为。工会劳动保护监督检查员所属工会组织应为其开展工作提供交通、通信等工作条件和必要的工作经费。各地应根据本地的实际情况，制定劳动保护工作经费、工作条件和工作补贴的标准，保障工会劳动保护监督检查工作的顺利开展。

15 工会劳动保护监督检查员的职责有哪些？

工会劳动保护监督检查员主要有以下职责：

（1）立法和决策参与。工会劳动保护监督检查员代表工会组织参与劳动安全卫生法律法规、标准以及重大决策、措施的制定，监督劳动安全卫生法律法规和政策的贯彻执行。在参与国家和地方法律法规的制定或修订时，要重视劳动者的权利与义务是否得到充分的体现。对于涉及职工安全健康等切身利益的条款，要注意从职工的实际情况和经济发展水平出发，依照国家的有关法律法规来确定。通过全国、地方各级人大、政协提交议案提案，实施决策参与，也可通过安委会和政府召开联席会议，解决职工普遍关心的劳动保护问题。

（2）调查研究。工会劳动保护监督检查员代表工会组织监督检查本地区（产业）、行业和企事业的劳动安全卫生工作，对劳动安全卫生状况定期进行分析，对危害职工劳动安全与健康的问题进行调查，及时向政府及有关部门、企事业单位反映需要解决的问题，并根据调查掌握的情况，进行科学的分析、归纳，提出决策建议和可行的解决问题的办法，督促、协助政府有关部门和企业及时解决和处理。

（3）监督隐患整改。工会劳动保护监督检查员在监督检查时，发现存在事故隐患、职业病危害和违反国家劳动安全卫生法律法规的问题，有权要求企事业单位进行整改，并监督企事业单位采取防范事故和职业病危害的措施；发现存在严重事故隐患或职业病危害的，可提请所属工会组织向企事业单位发出书面整改建议，并督促企事业单位解决；对拒不整改的，可提请政府有关部门采取强制性措施。

（4）紧急避险。工会劳动保护监督检查员发现在生产过程中存在明显重大事故隐患和严重职业病危害，并危及职工生命安全的紧急情况时，有权向企事业行政或现场指挥人员要求采取紧急措施，包括立即从危险区内撤出作业人员。同时，应支持或组织职工采取必要的避险措施并立即报告。

（5）参加事故和职业危害事件调查处理。工会劳动保护监督检查员依法参加职工伤亡事故和职业危害事件的调查处理，监督企事业单位采取防范措施，对造成伤亡事故和经济损失的责任者，提出处理意见；对触犯《刑法》的责任者，建议追究其法律责任。工会劳动保护监督检查员在代表工会组织参加伤亡事故调查和职业危害事件处理时，要敢于坚持原则，实事求是，维护职工的合法权益。

（6）参加“三同时”审查验收。工会劳动保护监督检查员代表工会组织参加新建、扩建和技术改造工程项目劳动安全卫生设施的设计审查和竣工验收，对劳动条件和安全卫生设施存在的问题提出意见和建议。在参加“三同时”审查验收时，要坚持以国家和地方有关劳动安全卫生法律、法规为准绳，以国家和地方有关职业卫生和安全技术标准、规定、规范、规则为依据，树立全局观点，从实际出发，以我国国情和现有技术水平或条件为基点，既坚持按现有技术标准严格要求，又坚持实事求是的原则。

（7）监督并协助企业做好劳动安全卫生工作。工会劳动保护监督检查员代表工会组织监督和协助企事业单位严格执行国家劳动安全卫生规程和标准，建立健全劳动安全卫生制度；监督检查劳动安全卫生设施；监督检查技术措施计划的执行及经费投入、使用的情况；监督检查企事业单位的安全生产状况。

（8）支持和指导基层劳动保护工作。工会劳动保护监督检查员支持基层工会劳动保护监督检查委员会和工会小组劳动保护检查员开展工作，并在劳动保护业务上给予指导。依据工会劳动保护一个时期的重点工作要求，指导基层企业开展劳动保护监督检查。对基层工会劳动保护监督检查委员会和工会小组劳动保护检查员反映的问题和要求，及时给予答复并帮助解决，同时将基层工会工作向领导反映。

16 如何对工会劳动保护监督检查员进行管理、考核与奖惩？

工会劳动保护监督检查员的日常管理主要由其所属工会组织负责，工会组织对工会劳动保护监督检查员有业务指导的责任。工会劳动保护监督检查员应定期接受培训，全国总工会、省（区、市）总工会制订定期培训计划，以提高监督检查员的政策理论水平和工作能力，掌握现代科技知识和安全管理方法。任命机关应每年对工会劳动保护监督检查员的工作进行考核，并将考核结果向上级工会组织报告。对于工作做出优异成绩的工会劳动保护监督检查员，经推荐、评审后，由任命机关授予“优秀工会劳动保护检查员”称号；对长期不履行监督检查职责、工作严重失职的，任命机关应撤销其工会劳动保护监督检查员资格。

17 哪些单位需要建立工会劳动保护监督检查委员会？程序是什么？

基层工会是工会工作的基础，在基层企业、车间中设立的工会劳动保护监督检查委员会，是基层工会落实安全生产群众监督检查责任的工作机构。

《基层工会劳动保护监督检查委员会工作条例》第二条规定，企事业工会及所属分厂、车间工会设立工会劳动保护监督检查委员会（或工会劳动保护监督检查小组）。乡镇工会、城市街道工会及基层工会联合会也可设立工会劳动保护监督检查委员会。一般来说，企事业、车间职工人数在 50 人以下的，可建立工会劳动保护监督检查小组。企业、车间成立工会委员会，即应成立工会劳动保护监督检查委员会。工会劳动保护监督检查委员会委员由同级工会提名，报上级工会备案。提名要通过工会小组的讨论、酝酿，并采用职工（代表）大会讨论通过或基层工会委员会决议的形式，决定委员会委员的组成。委员会一经建立，必须将委员会建立的时间、委员会委员、任期等决定报所属上级工会备案。

18 工会劳动保护监督检查委员会委员资格的确定、委员会的组成和委员的任期是如何规定的？

工会劳动保护监督检查委员会委员可从工会劳动保护干部及热心于劳动保护工作的企业、车间一线工人，工程技术人员，医务人员，行政职能部门的干部中推选，但行政管理人员不得超过委员会总人数的三分之一。工会劳动保护监督检查委员会的委员数量应根据企业、车间职工人数的多少来确定，一般由 5 ～ 15 人组成。主任委员 1 人，由工会主席或副主席担任；副主任委员 1 ～ 2 人，由行政干部和工会副主席或劳动保护干部担任；委员若干人；女职工相对集中的单位，应设立女职工委员。人数少的企业、车间可组成 3 人工会劳动保护监督检查小组。原则上，工会委员会换届后，应对工会劳动保护监督检查委员会委员进行调整、更换。为有利于工作的开展，每年也可根据实际情况进行委员的调整和补充。委员会委员一旦缺员，应及时进行补充。如果企业、车间工会委员会发生合并、撤销等变化，工会劳动保护监督检查委员会也应及时进行相应撤销或重新建立。

19 工会劳动保护监督检查委员会与工会组织是什么关系?

工会劳动保护监督检查委员会由企业、车间中各方面的人员组成，是一个专门的工作机构。工会劳动保护监督检查委员会在同级工会领导下开展工作。根据需要，工会劳动保护监督检查委员会的工作可与职工（代表）大会的专门委员会的工作相结合，作为职代会劳动保护工作的日常专门工作机构，研究企业、车间的劳动保护问题，向企业行政方面提出工会的意见和建议。委员会应定期向工会组织或职工（代表）大会报告工作，并建立有效的工作制度。例如，委员会的定期会议制度、监督检查制度、职工代表巡查制度、委员会与行政方面定期协商制度等。

20 工会劳动保护监督检查委员会的主要职责有哪些?

工会劳动保护监督检查委员会的主要职责包括：

（1）监督和协助。监督和协助本单位贯彻落实国家劳动安全卫生法律法规，监督检查企业安全生产责任制是否落实，安全管理、安全投入等是否到位，劳动条件、作业环境是否符合国家标准。督促和协助企业整改发现的问题、提出落实解决问题的办法。

（2）调查研究。定期分析研究劳动安全卫生状况，向企事业单位和有关方面反映职工对劳动安全卫生工作的意见、建议和要求。提出工会的意见和解决问题的建议，督促和协助企事业单位解决劳动安全卫生方面存在的问题，不断改善劳动条件和作业环境。

（3）安全生产民主管理。委员会参与涉及职工劳动安全与健康规章制度的制定，参与本单位劳动安全卫生措施、计划和经费投入等方案的制订和实施，对劳动安全卫生的决策、措施提出意见和建议。参与本单位集体合同中关于劳动保护、工作时间、休息休假和工伤保险等条款的协商与制定，维护职工劳动保护的权利、休息休假的权利和享受工伤保险的权利。同时，对集体合同、劳动合同中劳动保护条款的执行情况进行监督检查。委员会应组织专门人员成立专题组，收集、整理、了解国家和地方有关规定、标准及政策，掌握协商谈判的法律依据；结合企业劳动保护现状和群众关心的问题进行调查，以便就劳动保护问题与行政方面进行协商。集体合同签订后，应定期组织对集体合同中劳动保护条款的执行情况进行检查，确保集体合同的履行和兑现。

（4）制止“双违”和安全检查。制止违章指挥、违章作业；组织或协同行政进行安全生产检查，组织职工代表对劳动安全卫生工作进行督察，是委员会重要职责之一。委员会委员通过深入作业班组，及时发现“双违”问题，并加以制止，可将事故扼杀在萌芽状态。委员会要依据企业生产的实际情况，定期或不定期地组织安全生产检查，查设备管理、查设备检修、查事故隐患、查职工个体防护和作业现场等。委员会还要做好职工代表安全生产监督检查的组织工作，制定方案、组织实施、进行总结，充分发挥职工安全生产的监督作用。

（5）监督事故隐患整改治理。委员会应对事故隐患和职业病危害作业点建立档案，监督整改和治理，并督促企事业单位防范事故和职业病危害。凡是能够在班组、车间和企业解决的事故隐患和职业病危害作业点，基层工会应列为跟踪监督检查的目标，监督与协助企业落实整改措施。凡企业一时不能解决的，要制定防范措施加以控制。涉及企业外以及企业自身无法解决、需要上级协助的，要及时与当地政府和上级工会组织联系，进行协调解决。对违反国家法律法规、不符合劳动安全卫生标准规定的问题，提出整改意见；问题严重的，向企事业行政部门提出书面整改意见；对拒不整改的，可要求政府有关部门采取强制性措施。

（6）参加“三同时”审查验收。按照“三同时”分级审查验收的权限，依据法规和标准的要求，积极参加审查验收工作。委员会应集体讨论，就设计、施工、预生产和投产使用的各个环节严格把关。要重点监督项目的生产工艺流程设计是否合理；针对生产过程中可能产生的职业病危害所采取的措施是否合理、有效并符合国家有关的法律、法规和标准；职业卫生和安全设施的工程质量以及运行效果如何；工程项目完工时是否按照批准的初步设计，是否全部配套建设了尘、毒治理和安全设施项目；配套建设的尘、毒治理和安全设施的质量是否符合验收标准，性能是否良好；试生产时，生产场所测试的数据是否达到了设计预期的效果，是否符合国家职业卫生和安全标准。

（7）参加事故调查处理。委员会要参加职工伤亡事故的调查处理工作，查清事故原因和责任，提出对事故责任者的处理意见，监督和协助企事业单位采取防范措施。要定期对已经发生的职工伤亡事故和职业病进行研究、分析，总结教训，从加强安全管理、改进工艺、增加安全设施、提高职工的安全意识和技术技能等方面提出建议，制定防范措施，督促和协助企业落实安全防范措施。

（8）紧急避险。在生产过程中发现明显重大事故隐患和严重职业病危害，并危及职工生命安全的紧急情况时，委员会应要求企事业或现场指挥人员采取紧急措施，包括立即从危险区内撤出作业人员。支持或组织职工采取必要的避险措施并立即报告。

（9）教育与宣传。委员会应积极宣传国家劳动安全卫生法律法规、政策及企事业单位的规章制度，结合实际情况，组织和发动职工开展安全生产活动，教育职工遵章守纪，提高职工的安全意识和技能。

（10）维护职工劳动安全健康合法权益。委员会要督促企事业单位按照国家有关规定发放劳动防护用品、用具；监督企事业单位定期对职工进行健康检查；监督企事业单位履行对职业病人的诊断、治疗和康复的责任，督促落实工伤保险待遇及职业病损害赔偿；监督和协助企事业单位落实对女职工和未成年工特殊保护的有关规定。

21 如何对基层工会劳动保护监督检查委员会进行指导和表彰与奖励？

上级工会要对基层工会劳动保护监督检查委员会开展工作给予指导和帮助，定期举办委员会培训班，推广各地、各企业开展劳动保护监督检查的经验，充实现代安全管理知识和方法。为保护委员会委员的积极性，工会组织要经常听取委员的意见和建议，为委员开展工作排忧解难，提供工作保障。同时，上级工会组织对工作成绩显著的工会劳动保护监督检查委员会应给予表彰和奖励。全国总工会不定期表彰全国优秀企业工会劳动保护监督检查委员会，以激励更多的工会劳动保护监督检查委员会为保护职工的安全与健康作出贡献。

22 工会小组劳动保护检查员的设立范围、推选程序和任职条件是什么？

《工会小组劳动保护检查员工作条例》第二条规定："在工、交、财贸、基本建设等行业的企事业生产班组中，设立工会小组劳动保护检查员。"这一规定强调，在工、交、财贸、基本建设等事故多发行业的生产班组中必须设立工会小组劳动保护检查员，突出了工会劳动保护监督的重点是在生产班组，工会劳动保护监督的哨兵必须设立在生产班组。

工会小组劳动保护检查员经民主推选产生。工会小组劳动保护检查员是本班组职工劳动安全卫生权益的维护者。谁愿意代表且能够维护本班组成员的利益，本班组的职工最清楚，也最有发言权。因此，工会小组劳动保护检查员由所在班组职工群众推选产生。

工会小组劳动保护检查员的任职条件是，应具有一定的劳动安全卫生知识；敢于坚持原则，有较强的责任心。这是因为工会小组劳动保护检查员肩负着落实规章制度、查询相关信息、开展安全教育、制止“双违”、进行安全检查和紧急避险、现场急救等多项职责，而每一项职责都需要具备一定的相关知识才能胜任。因此，工会小组劳动保护检查员应具有一定的劳动安全卫生知识和很强的事业心。作为普通职工的工会小组劳动保护检查员，在监督检查工作中还承受着来自各方面的压力。一方面，要完成生产任务，提高企业经济效益；另一方面，职工的生命安全需要保障，这就要求工会小组劳动保护检查员敢于坚持原则。工会小组劳动保护检查员的工作是工会监督检查的最基层的工作，每天的“一班三检”、隐患整改的落实、班组成员安全技能的提高，以及每天班组成员的思想情绪变化，都需要小组劳动保护检查员付出心血，没有强烈的责任心是无法胜任这一工作的。

23 工会小组劳动保护检查员与基层工会劳动保护监督检查委员会是什么关系?

工会小组劳动保护检查员在基层工会劳动保护监督检查委

员会领导下工作，即基层工会劳动保护监督检查委员会对工会小组劳动保护检查员的工作给予指导。这就完善了工会监督检查体系的上下衔接，也为工会小组劳动保护检查员开展工作提供了组织支持。

24 工会小组劳动保护检查员的职责是什么？

（1）协助落实法律法规和规章制度，创建合格班组。协助班组长落实国家劳动安全卫生法律法规及企事业规章制度，帮助班组成员成为遵章守纪的模范，做创建安全生产合格班组的排头兵。

（2）维护职工的知情权。让工友了解作业场所的安全状况是工会小组劳动保护检查员义不容辞的责任。工会小组劳动保护检查员应主动查询工作场所存在的职业病危害和企事业单位相应的防范措施，带头行使劳动者对作业现场有害因素的知情权。向企业查询相应的防范措施，一方面可以明确本班组的作业是否在安全卫生的条件下进行，另一方面可以对企业执行国家法律法规的有关规定起到监督作用。

（3）督促和协助班组开展安全教育工作。督促和协助班组长对本班组人员进行安全教育，提高安全生产意识和技术技能是工会小组劳动保护检查员的教育职责。操作者学习安全知识后，要真正具备安全意识和技能，还需经过反复的教育和训练。因此，要经常对班组成员进行安全教育和训练。工会小组劳动保护检查员要督促班组长对班组成员进行安全教育，使之成为经常化、制度化的工作。

（4）制止“双违”。制止违章指挥、违章作业是工会小组劳动保护检查员的重要职责。在纠正违章时要讲究方式方法，注意通过安全法规教育，增强职工的法制观念，使大家明确，违章作业和违章指挥就是违“法”，“遵章是幸福的保障，违纪是灾祸的开端”，“一人违章，众人遭殃”，“违章作业就是自杀，违章指挥无异于杀人”，进一步提高职工遵章守纪，抵制违章指挥、违章作业的自觉性。

（5）督促解决安全检查中发现的隐患。工会小组劳动保护检查员应经常对生产设备、防护设施、工作环境进行监督检查，及时了解、掌握和发现工作现场、岗位存在的致伤、致病的不良工作条件和各种隐患，对发现的隐患要及时报告，对隐患的整改要穷追到底，监督整改的全过程，直至消除隐患。

（6）紧急避险。工会小组劳动保护检查员在生产过程中一旦发现危及职工生命安全的紧急情况，应立即报告，并组织职工采取必要的避险措施。要坚持原则，在无法确定事故可能发生的时间，又存在事故发生迹象的情况下，必须依照“安全第一，确保万无一失”的原则，采取积极的措施制止事故的发生，或将事故影响和损失控制在最小范围，同时将作业区内的职工撤离现场，确保职工的生命安全。

（7）事故抢险和现场急救。发生伤亡事故后，工会小组劳动保护检查员要迅速参与抢险、急救工作，协助保护事故现场，并立即上报。抢险是为了避免伤亡事故扩大、殃及更多的人员；急救对挽救伤员生命至关重要；保护好现场有利于日后的事故分析；上报事故以便组织抢险救助、开展善后工作以及进行事故处理等。

（8）监督企业提供符合国家规定的劳动条件。工会小组劳动保护检查员具有监督企业为本班组提供符合国家规定的劳动条件以及个人防护用品的责任，并有义务代表工人提出改善劳动条件和环境的建议。应发动班组成员，群策群力，制定改进方案，把职工的良好愿望转化为向企事业单位提出的改善劳动条件和作业环境的建议。

25 如何对工会小组劳动保护检查员进行表彰和奖励?

工会小组劳动保护检查员是工会组织实施劳动保护监督检查的基层骨干，是工会劳动保护监督检查网络的耳目和哨兵。工会小组劳动保护检查员都是兼职人员，他们与班组的职工一样，要承担同样的生产任务，不同的是，他们还要肩负监督本班组安全生产的责任。他们比其他人付出得多，却没有得到足够的报酬。为提高工会小组劳动保护检查员的积极性，激励更多的工会小组劳动保护检查员为职工的安全与健康作出贡献，上级工会组织应对这些人员进行表彰，并给予必要的物质奖励。工会组织还可与企业行政协商，给予有贡献的工会小组劳动保护检查员一些福利待遇。

CAN YU GUAN LI

第三部分

参与管理

26 工会劳动保护参与管理的形式有哪些？

工会代表和组织职工群众参与国家和社会事务的管理与企业管理，是法律赋予工会的一项重要职责，是工会维护职工国家主人翁地位和当家作主权利的重要渠道。工会参与国家和社会事务的管理，主要通过参与立法、参政议政等形式来实现；参与企业管理，主要通过召开职工代表大会或其他形式参与企业民主管理和民主监督、参与企业劳动争议处理等来实现。

27 工会劳动保护参与管理的途径和内容有哪些？

工会参与是民主管理和民主监督的结合，以保障职工安全健康合法权益不受侵害。工会劳动保护参与管理的途径主要是采用监督的方式进行，其主要内容是对劳动保护法律法规、标准、政策和企业劳动安全卫生规章制度的执行情况进行监督，包括宏观参与和基层参与两部分，二者之间是相辅相成、互相促进的。基层参与是工会参与管理的基础，主要是工会组织职工直接参与企业安全生产管理和监督。宏观参与是工会参与管理的最高形式，也是基层参与管理的必要保障，主要是工会代表职工通过各种途径参与国家和地方劳动保护法律、法规、标准和有关政策的制定与出台。

28 工会参与国家立法时需要注意哪些事项？

工会通过参与涉及职工安全健康权益的法律法规、政策标准的起草和制定、修订工作，通过参加国家立法，表达和反映职工的意愿，确立职工权利的法律地位，为工会维护职工安全健康合法权益提供法律依据，使基层工会在维护职工具体利益方面有法可依、有章可循。

作为劳动者代表的工会参与国家劳动安全卫生法律、法规的制定或修订时，须注意以下两点：一是注意职工的劳动安全卫生权利是否得到了充分体现；二是在维护职工劳动安全卫生合法权益时，应考虑国家的经济状况、企业的承受能力等诸方面因素。

29 地方工会参与地方立法和政策制定需要注意哪些事项？

地方工会组织通过与同级人大、政府的协作和沟通，参与有关劳动安全卫生法规和相关政策、标准的制定和修订，推动健全劳动安全卫生法律监督制度。对于涉及职工安全健康权益的条款，需要结合当地职工的实际情况和经济发展水平，依照国家有关法律法规确定。由于我国各地经济发展不平衡，国家在出台劳动保护法律法规和标准时已经考虑了地区间的差异和可承受能力，所以国家法律法规规定的标准是基本标准。地方制定的劳动保护方面的法规标准只能比国家制定的法规标准更加严格，不得低于国家标准。对于经济发达地区，工会组织应积极督促地方政府提高劳动标准，给工人创造一个更加舒适、安全、卫生的工作环境。

30 工会参与有关劳动安全卫生工作决策的途径有哪些?

工会主要通过以下途径参与有关劳动安全卫生工作决策：

（1）提交全国和地方各级人大、政协议案提案。工会界的人大代表、政协委员提交议案提案，反映职工劳动安全卫生方面存在的问题，加强劳动安全卫生管理，督促国家和地方政府完善相关的法律法规，健全相关的工作机制，从源头上解决劳动安全卫生方面的突出问题。

（2）参加各级安全生产委员会的工作。为加强对全国安全生产工作的统一领导，经国务院同意，成立了国务院安全生产委员会。国务院安全生产委员会的主要职责是在国务院领导下负责研究部署、指导协调全国安全生产工作，研究提出全国安全生产工作的重大方针政策，分析全国安全生产形势，研究解决安全生产工作中的重大问题等。《国务院安全生产委员会成员单位安全生产工作任务分工》明确全国总工会安全生产工作任务分工为：①依法对安全生产工作进行监督，反映劳动者的诉求，指导地方工会依法组织职工参加本单位安全生产工作的民主管理和民主监督，维护职工在安全生产方面的合法权益。②调查研究安全生产工作中涉及职工合法权益的重大问题，参与涉及职工切身利益的有关安全生产政策、措施、制度和法律、法规草案的拟订工作。③指导地方工会参与职工劳动安全卫生的培训和教育工作。开展群众性劳动安全卫生活动，动员广大职工开展群众性安全生产监督和隐患排查，参与落实职工岗位安全责任，推进群防群治。④依法参加特别重大生产安全事故的调查处理，向有关部门提出处理意见。代表职工监督事故发生单位防范和整改措施的落实。各级工会通过参加地方安全生产委员会，就劳动保护工作中的重大决策与有关方面进行平等磋商，最终取得协调一致的行动，使各方利益达到平衡。

（3）参加与同级政府的联席会议。联席会议是政府有关部门与工会进行广泛交流、共商大计、携手联合、解决问题的重要平台。工会应充分运用举办联席会议，提出职工和工会关注的重大事项，推动解决劳动安全卫生重点、难点问题，或提出改进工作的意见建议，督促政府付诸行动。

（4）举办专题讨论会。工会可与政府有关部门就劳动保护工作中某个问题举办讨论会，共同研究和提出解决问题的方案，并采取联合制发文件等形式，面向基层，指导工作。

31 基层工会参与劳动保护管理的途径和手段是什么？有哪些实现形式？

基层工会参与是工会参与的重点。基层工会参与劳动保护管理的途径和手段是多种多样的，但应当特别注重运用企业职工代表大会制度和集体协商制度进行民主管理、民主监督。基层工会的参与，主要是参与企业有关劳动保护方面的管理制度、作业规程、奖惩办法等的制定与修订工作。在广泛听取职工意见建议的基础上，通过协商签订集体合同，代表职工就劳动安全卫生方面的问题与企业进行充分协商，依法制定出双方都可以接受的劳动标准，从而在源头上减少或避免矛盾，稳定企业的劳动关系，保障职工安全与健康的合法权益。工会在基层参与中，还应特别关注合同条款规定的职工在劳动保护方面应尽的义务和享有的权利是否平衡，既要考虑职工的利益，也要兼顾企业的发展。

实现形式主要有两种：一是基层工会依照法律规定，通过职代会或者其他形式，组织职工参与本单位的民主决策，审议包括劳动保护在内的涉及职工安全健康权益的生产经营重大决策。在有职工持股的股份责任公司和股份合作制企业，工会可利用股东大会参与决策；在私营和小型外资企业，工会可以利用职工大会对企业劳动保护方面的决策提出意见建议。二是基层工会通过参与企业每年劳动保护措施计划的制订，确保职工的工作条件和工作环境逐年有所改善，对企业存在的事故隐患和职业病危害，应分轻重缓急纳入劳动保护措施计划，并通过有效的监督，保证资金的投入和计划的实施。

32 集体合同中设置劳动保护条款应遵循哪些原则?

集体合同中设置劳动保护条款应遵循以下原则:

(1)劳动保护内容必须符合我国现行的各种劳动保护法律法规的要求。签订集体合同的目的在于全面贯彻落实我国现行法律法规,整体上维护职工的合法权益,确保职工的安全健康。其核心内容是规定企业的劳动标准和实现劳动标准的具体措施。劳动安全卫生是劳动标准的重要内容之一,我国的劳动保护法律法规和政策标准,对企业的劳动保护和安全卫生工作都有明确要求。集体合同中规定的企业劳动安全卫生标准,不得低于我国现行劳动法律法规和地方法规的规定。

(2)集体合同中的劳动保护条款应体现广大职工的意愿和要求。劳动保护条款就是为了保护职工在生产过程中的安全和健康。因此在平等协商和签订集体合同之前,必须充分征求广大职工的意见,认真听取职工群众的呼声,收集和分析广大职工在劳动保护方面最为关心的问题,并以此为重点,推动落实职工的相关权益。

(3)既坚持国家和地方标准,又从企业实际情况出发。设置劳动保护条款,既要坚持国家和地方标准,又要从企业的实际情况出发。对于强制性的国家标准,工会必须坚持原则。对于非强制性的国家标准,企业暂时达不到要求的,工会要根据企业的物质条件、经济能力、管理水平,针对企业劳动保护方面存在的突出问题和应重点防范的部位和环节，与行政部门进行协商，拿出整改治理计划和方案，促使劳动条件的改善和事故隐患的整改治理。

（4）尽可能具体和量化。集体合同中的劳动条件、安全卫生目标、安全卫生设施改善、安全卫生技术措施费用投入、隐患治理项目等，要尽可能具体和量化，以便于操作、检查、落实、考核和监督。

（5）必须体现工会的维护职能。集体合同必须明确工会在劳动保护工作中的责任和依法独立开展监督检查的权利，且有保障工会顺利行使职权的条款。

33 企业集体合同中劳动保护条款主要包括哪些内容？

企业集体合同中劳动保护条款涉及的主要内容包括：

（1）企业必须严格执行国家劳动保护法律、法规、条例、标准；建立健全和落实以安全生产责任制为核心的各项管理制度；完善各项作业标准和安全操作规程。

（2）企业必须向劳动者提供符合国家标准的劳动条件、生产设备、设施、工具和个体防护用品。

（3）企业对查出的事故隐患和尘毒作业超标点要及时治理整改，对一时难以治理的，要采取可靠的防护措施，及时制订整改治理计划，并优先保证其资金。

（4）企业进行新建、改建、扩建工程项目时，要贯彻、落实其劳动安全卫生设施必须与主体工程同时设计、同时施工、同时投入生产和使用的原则。在进行“三同时”审查验收时，按有关规定通知工会派员对“三同时”工作实施监督。在推广新技术、新工艺、新产品时，必须采取可靠的安全卫生措施。

（5）企业每年提出年度安全技术（劳动保护）措施项目计划，落实资金，落实责任人员，明确完成时间。年度安全措施项目必须经过职工大会或职代会审议通过，工会对其实施情况进行监督。

（6）企业有对职工进行安全教育的义务，职工享有接受安全教育的权利。企业工会督促行政制订职工年度安全教育培训计划，配合行政搞好职工安全教育培训工作，监督企业行政将安全培训落到实处。

（7）企业应根据国家规定发放劳动防护用品，并教育、督促、检查职工正确使用。

（8）对从事接触有毒有害作业的职工要按期进行职业健康检查。对查出患职业病的职工，企业要及时给予治疗、安排疗养，并按规定和要求调离有毒有害工作岗位。

（9）企业发生伤亡事故和严重职业病危害时，必须及时通知工会。发生重伤以上事故，企业要按国务院《生产安全事故报告和调查处理条例》及时向有关方面和工会组织报告。由企业自行负责调查处理的事故，必须坚持“四不放过”的原则，即事故原因未查清不放过、防范措施未落实不放过、职工群众未受到教育不放过、事故责任者未受到处理不放过。事故分析会应有工会代表参加，没有工会的签字，事故不得结案。

（10）企业应当遵守国家对女职工和未成年工的特殊保护规定，切实履行相关职责。

（11）企业应履行参加工伤保险的责任，按时、足额支付工伤保险费。

（12）企业制定和修改劳动保护规章制度时，应吸纳工会参加。涉及职工安全健康的重大问题，必须经职代会讨论审议通过。

（13）企业法定代表人应定期向职代会报告企业有关劳动保护的情况，接受职工的监督。

（14）工会积极配合企业行政对职工进行安全卫生教育，监督各项安全管理规章制度的执行。发现企业违章指挥、强令工人冒险作业，或者生产过程中发现明显重大事故隐患和职业危害时，工会有权提出解决的建议，企业应当及时研究答复；发现危及职工生命安全的情况时，工会有权向企业建议组织职工撤离危险现场，企业必须作出处理决定。

（15）工会依法独立进行劳动保护的监督检查，支持行政改善和加强劳动管理，企业行政支持工会实施群众性劳动保护监督检查工作。

（16）职工在劳动过程中应当严格履行遵守劳动纪律、作业标准和安全操作规程。

（17）职工有权拒绝企业管理人员的违章指挥。对危害职工安全健康的行为，有权提出批评、检举和控告，企业不得对其刁难或打击报复。

34 协商和签订劳动保护条款应注意哪些问题？

协商和签订劳动保护条款应注意以下问题：

（1）避免在集体合同中照抄、照搬劳动法律法规。应针对企业安全生产状况和安全管理、安全设施、事故隐患、职业病危害等方面存在的问题与行政进行协商。制定的劳动保护条款必须目标明确，措施具体，具有可操作性。

（2）合同条款文字表述尽量严谨和准确。集体合同是依法签订的具有法律效力的文件，必须严谨准确，不能与各项国家法律法规和标准相悖。

（3）实事求是，从企业实际出发，切合企业情况，体现企业特色。

（4）集体合同条款的制定不能一劳永逸，要在合同执行过程中，不断修订、改进和完善。

35 为什么职代会有劳动保护的审议同意或否决权？

《全民所有制工业企业法》规定，职代会有五项职权：审议建议权、审议同意或否决权、审议决定权、评议监督权和选举权。职工行使劳动保护民主管理与民主监督权利以及这五项职权都有密切的联系，重点是审议同意权和否决权。

《全民所有制工业企业法》规定，职工代表大会有权“审查同意或否决企业的工资调整方案、奖金分配方案、劳动保护措施、奖惩办法以及其他重要规章制度”。这明确了职工代表大会所依法享有的、对职工劳动保护方面予以审查同意或否决的权力。也就是说，企业劳动保护措施应由厂长和职工代表大会共同决定，只要职代会审查同意就可以作出决议予以实施，否则就不能形成决议，不能付诸实施。

36 职代会行使劳动保护审查同意或否决权的内容是什么?

企业“劳动保护措施”是企业根据生产经营建设的特点和国家法律法规的规定，为保护职工在生产经营建设过程中的安全与健康所制定的措施、规定与办法。不同类型的企业劳动保护具体措施会有所不同，一般来讲，提交职代会审查的劳动保护措施应包括以下六项基本内容：

一是劳动安全。主要包括为保证职工生产劳动过程中的生命安全，防止伤亡事故发生而采取的技术、设备、个人防护等方面的措施。

二是劳动卫生。主要包括为保障职工身体健康，预防职业病、职业中毒和职业性危害，在技术、设备、医疗卫生预防方面所采取的措施。

三是安全技术措施费用。主要包括安全技术改造、生产环境的改造和隐患的治理等专项费用的提取、使用等。

四是劳动防护用品。主要包括为职工安全生产提供的各种劳动防护用品的质量和数量。

五是工作时间和休假等。主要包括国家法定劳动时间、职工休息的权利，有关节假日休息及加班待遇的规定。同时还包括女职工特殊劳动保护，如“五期”保护的具体规定。

六是劳动保护奖惩制度，主要包括对领导干部和职工贯彻执行企业劳动保护规章制度实行奖惩的依据、奖惩的条件、奖惩范围、奖惩形式等。

37 职代会行使劳动保护审查同意或否决权应坚持的原则是什么？

职代会在行使劳动保护审查同意或否决权时，要坚持三个原则。

一是坚持国家法律法规与企业制度相一致的原则，企业无论如何转制，都必须执行国家劳动保护法律法规，企业应根据国家法律法规，结合实际情况，制定出切实可行的内部劳动保护措施与规定。

二是坚持全面落实“安全第一，预防为主，综合治理”的工作方针。提请审查的劳动保护措施，不仅要包括安全生产的内容，而且要包括劳动卫生等方面的内容。立足点应放在“预防”上，通过采取各种措施，强化安全生产和职业病防治工作。

三是坚持劳动保护措施费用专款专用的原则，劳动保护措施费用不能挪用或变相挪用。

38 职代会行使劳动保护审查同意或否决权应遵循的程序是什么?

职代会行使劳动保护审查同意或否决权，一般应遵循以下四个程序：（1）协商草案。企业行政要事先向职代会通报需要审议的劳动保护内容，工会要主动配合行政拟出草案。（2）会前讨论。召开职代会之前，将草案交职代会各代表团、组进行讨论，汇总意见后转交行政有关方面作进一步修改。（3）会中审议。职代会召开期间，提交各代表团、组作正式讨论审议，主席团汇总职工代表意见后，交行政进行修改或说明。（4）表决实施。劳动保护措施或奖惩制度提请职代会表决，经职工代表半数同意方为通过，经职代会审查同意的方案可由厂长（经理）公布实施。

如果行政提出的劳动保护方案在职代会上被否决，厂长不得公布和实施，但可以对方案继续修改，提请职代会复议或下次职代会审查。凡经职代会审查同意后实施的劳动保护方案，如需修改，应经职代会同意或授权职代会常任主席团、各分团团长联席会议协商处理，并需向下次职代会报告予以确认。

39 职代会劳动保护专门委员会是什么机构？主要职责是什么？

职代会劳动保护专门委员会是行使职代会劳动保护民主管理职权的专门工作机构。职代会劳动保护专门委员会成员，应从不担任行政部门主要领导职务的一般干部、劳动保护科技管理人员、工人职工代表中推选，提出名单交职代会表决通过，委员会主任或小组长通常由工会部门负责人担任。

许多企业职代会设立了专门的劳动保护监督检查委员会，有的企业采取职代会劳动保护专门委员会（小组）与企业工会劳动保护监督检查委员会两个组织合一的办法。无论采取什么组织形式或定什么名称，设立职代会劳动保护专门委员会对于加强职工参与劳动保护民主管理都是非常必要的。

职代会劳动保护专门委员会的主要职责包括：（1）参与审议提交职代会的劳动保护有关议案；（2）职代会闭会期间，审定职权范围内的需要协商解决的劳动保护问题，并向职代会报告予以确认；（3）检查、监督职代会关于劳动保护措施方案以及有关决议、提案的执行与处理；（4）向职代会报告一年内开展劳动保护检查、监督工作的情况，并提出下一年度的工作计划。

40 什么是职代会劳动保护提案？如何提报职代会劳动保护提案？

职代会劳动保护提案，是职工代表或职工提出的、提请职代会讨论或企业解决的有关劳动保护的方案或建议。职代会劳动保护提案一般以书面形式提出，提出者要署名，讲清提案的理由、要求和建议。征集和处理提案，是落实职代会劳动保护民主管理权力的重要环节，也是组织职工参与企业劳动保护管理的过程。一般程序是在召开职代会前，工会或劳动保护监督检查专门委员会发出征集通知，发动职工代表在调查的基础上提出劳动保护提案，各代表团收集本团提案，报工会与劳动保护专门委员会审查立案，重大提案经职代会讨论，一般提案报主管部门研究、处理并反馈，工会与劳动保护专门委员会负责对提案落实情况进行检查并予以通报。对于改进企业劳动保护工作有重大价值的提案，行政部门应当认真研究、采纳实施，还应给予提案人一定的物质或精神奖励。

AN QUAN SHENG CHAN JIAN CHA

第四部分

安全生产检查

41 什么是安全生产检查?

安全生产检查是指安全生产监督管理部门、企业主管部门或企业自身对企业贯彻国家安全生产法规的情况、安全生产状况、劳动条件、事故隐患等所进行的检查，具体是指对生产过程及安全管理中影响安全的各种因素进行实地观察、测试、分析、研究，以及早发现潜在变化、异常、危险和可能发生的事故，制订消除或控制的预防措施，并对整改效果给予定性或定量评价，不断提高保障安全生产水平的管理过程。安全生产检查简而言之，是对影响安全生产因素的认识、分析、评价和控制，是行之有效的一种管理方法，是安全生产工作的一项基本制度。

工作重点是辨识安全生产管理工作存在的漏洞和死角，检查生产现场安全防护设施、作业环境是否存在不安全状态，现场作业人员的行为是否符合安全规范，以及设备、系统运行状况是否符合现场规程的要求，等等。通过安全检查，不断堵塞管理漏洞，改善劳动作业环境，规范作业人员的行为，保证设备系统的安全、可靠运行，实现安全生产的目的。

安全生产检查是一项综合的安全生产管理措施，是建立良好的安全生产环境与秩序，保证安全生产目标实现的有效手段，是企业防止、减少事故和职业病危害的有效方法。安全生产检查是企业安全管理的重要手段之一，是劳动生产环境的系统危险性识别方法，是事故控制、系统安全性评价的基础。

安全生产检查是工会维护职工安全健康合法权益的重要途径与手段。通过开展各种形式的群众性安全生产检查，可以宣传党和国家有关安全生产的方针政策和法律法规，促进企业负责人、管理者和职工群众提高安全意识；可以发现生产过程中的不安全因素，督促采取有针对性的措施，消除不安全因素；可以发现、总结安全生产的好经验，推动企业搞好安全生产。

42 安全生产检查的工作程序包括哪些？

（1）安全检查准备。

①确定检查对象、目的、任务。

②查阅、掌握有关法规、标准、规程的要求。

③了解检查对象的工艺流程、生产情况、可能出现危险和危害的情况。

④制定检查计划，安排检查内容、方法、步骤。

⑤准备必要的检测工具、仪器、书写表格或记录本。

⑥挑选和训练检查人员并进行必要的具体分工等。

（2）实施安全检查。实施安全检查是通过访谈、查阅文件和记录、现场观察、仪器测量的方式获取信息。通过访谈检查安全意识和规章制度的执行情况；查阅文件是否齐全有效，查阅记录判断文件是否被执行；对现场进行观察，寻找不安全因素、事故隐患等；利用一定的仪器进行测量，发现隐患。

（3）综合分析。经现场检查和数据分析后，检查人员应对检查情况进行综合分析，提出检查的结论和意见。

（4）结果反馈。现场检查和综合分析完成后，应将检查的结论和意见反馈至被检查对象。结果反馈形式可以是现场反馈，也可以是书面反馈。现场反馈的周期较短，书面反馈的周期较长但比较正式。

（5）提出整改要求。检查结束后，针对检查发现的问题，应根据问题性质的不同，提出相应的整改措施和要求。

（6）整改落实。对安全生产检查发现的问题和隐患，应制定整改计划，建立安全生产问题隐患台账，定期跟踪隐患的整改落实情况，确保隐患按要求整改完成，形成隐患整改的闭环管理。

（7）信息反馈及持续改进。在整改措施完成后，应及时上报整改完成情况，组织验收。对安全检查中经常或反复发现的问题，做到持续改进，不断提高安全管理水平。

43 安全生产检查的类型有哪些?

按检查范围分类，可分为全国性安全检查、区域性安全检查、行业性安全检查、企业安全检查、车间和班组安全检查等。

按检查的时间跨度分类，可分为定期安全检查、年度安全检查、季度安全检查、月度安全检查、周安全检查、日常安全检查及不定期安全检查、季节性及节假期前后安全生产检查等。定期安全生产检查一般是通过有计划、有组织、有目的的形式来实现，一般由单位统一组织实施，如月度检查、季度检查、年度检查等。定期安全生产检查一般具有组织规模大、检查范围广、有深度、能及时发现并解决问题等特点。日常安全检查是由单位的安全生产管理部门、车间、班组或岗位组织进行的经常性安全生产检查。季节性安全生产检查由单位统一组织，检查内容和范围根据季节变化，按事故发生的规律对易发的潜在危险，突出重点进行检查，如冬季防冻、防火、防煤气中毒，夏季防暑、防汛、防雷电等检查。由于节假日前后容易发生事故，因此应在节假日前后进行有针对性的安全检查，主要是对节假日前后安全、保卫、消防、生产物资准备、备用设备、应急预案等方面进行的检查。

按检查对象分类，可分为综合性安全生产检查、特种设备安全检查、危险作业安全检查、专业（项）安全生产检查、岗位（自检、互检）安全检查。综合性安全生产检查一般是由上级主管部门组织对单位进行的安全检查。综合性安全生产检查具有检查内容全面、检查范围广等特点，可以对被检查单位的安全状况进行全面了解。专业（项）安全生产检查是对某个专业（项）问题或在施工（生产）中存在的普遍性安全问题进行的单项定性或定量检查。专业（项）安全生产检查具有较强的针对性和专业要求，可能有制定好的检查标准或评估标准，使用专业性较强的仪器等，用于检查难度较大的项目。

按组织者分类，可分为工会参与性安全检查（全国性、区域性、产业性、企业性），全国总工会作为国务院安委会成员单位参加全国性安全生产检查工作，以工会为主组织的安全检查（基层以上工会组织的安全检查、基层工会组织的安全检查和以职工代表为主的安全检查）。单位的工会应定期或不定期组织职工代表进行安全生产检查，重点检查国家安全生产方针、法规的贯彻执行情况，各级人员安全生产责任制和规章制度的落实情况，从业人员安全生产权利的保障情况、生产现场的安全状况等。

实际安全检查中，应根据工作需要和安全形势选择进行，可采用日常、定期、专业、不定期等多种检查相结合的方式，灵活运用。如为了加强工会监督检查力度，采取经常性检查和专项巡查相结合的方式，对企业安全生产和职业病防治法律法规的贯彻、相关经费的提取、措施计划的落实、设施设备的配备等内容进行监督检查，对单位违反安全生产法律、法规，侵犯从业人员合法权益的行为，要求单位纠正；发现单位违章指挥、强令冒险作业或者发现事故隐患时，提出解决的建议，要求单位及时研究答复；发现危及从业人员生命安全的情况时，向单位建议组织从业人员撤离危险场所，单位必须立即作出处理。

44 安全生产检查的主要内容有哪些？

安全生产检查的主要内容包括软件系统和硬件系统。软件系统主要查思想、查意识、查制度、查管理、查事故处理、查隐患、查整改。硬件系统主要查生产设备、查辅助设施、查安全设施、查作业环境。安全生产检查涉及的内容十分广泛，每次安全生产检查的对象、目的不同，检查的内容也就不同，其具体内容应本着突出重点的原则进行确定。

（1）检查政策和相关法律法规执行情况。主要是对照党和国家有关安全生产的方针、政策和国家安全生产的法律法规、标准，检查企业及企业负责人、管理者和职工群众的认识和执行情况。

（2）检查安全管理制度落实情况。主要检查企业是否已制定安全生产的各项规章制度；企业负责人是否把安全生产工作摆到议事日程，在计划、布置、检查、总结、评比生产的同时（简称“五同时”）是否都有关于安全生产的内容，检查“五同时”的要求是否真正得到落实；企业各职能部门在各自的业务范围内是否对安全生产负责；安全监督管理机构是否健全；职工群众是否参与企业的安全生产民主管理活动；工会劳动保护监督检查组织网络是否健全；改善劳动条件的措施计划是否按年度编制与实施；安全技术措施经费是否逐项、足额提取和使用；新建、改建、扩建工程项目是否与劳动安全卫生设施同时设计、同时施工、同时投入生产和使用；各种操作规程是否完善和具体执行情况；企业安全生产规章制度是否完善，如企业安全生产责任制、企业安全教育制度、安全生产考核制度、事故管理制度、设备管理制度、各种操作规程、劳动防护用品管理制度、安全档案制度、危险作业管理制度、危险物品管理制度、重大生产安全事故应急救援预案等是否建立健全等。

（3）检查设施、设备安全状态及其隐患整改情况。以机械制造企业安全检查为例。主要是深入企业现场，检查企业的劳动条件、生产设备以及相应的生产辅助设施是否符合安全生产、文明生产的要求。具体内容如下：

①检查生产环境存在危险因素的情况。包括环境布置、安全通道、照明、粉尘、有毒有害物质、事故火灾隐患、高空和狭小作业空间、环境温度和湿度、放射性物质及微波的辐射等。

②生产工艺、生产流程及设备使用情况。主要包括潜在的机械、电气伤害等情况。各种机械设备上的安全防护装置是否完备、有效；电气设备上的防漏电、防触电装置是否符合技术要求。

③危险品使用保管情况。例如，易燃易爆物质、放射性物质的使用与保管情况，即有毒有害物质的防护措施是否符合卫生要求。

④个体防护装备（又称劳动防护用品）的质量和使用是否符合安全规定。特别是对企业的要害部位和重点设施，如变配电所、锅炉房和各种有毒有害、易燃易爆等物品的仓库及使用场所都应严格检查。

（4）检查违章行为。违章行为包括违章指挥和违章作业。实践表明，违章指挥和违章作业是引发生产安全事故的主要原因之一。由于种种原因，当前生产中违章指挥和违章作业，甚至习惯性违章现象比较普遍。为了预防事故发生，对违章指挥和违章作业行为必须严格检查并及时纠正。要检查企业负责人、管理者是否坚持安全生产方针，是否关心职工群众的安全与健康；现场指挥人员有无违章指挥现象；职工群众是否有违章作业等不安全行为。

45 安全生产检查的方法有哪些?

安全生产检查的具体方式方法很多，如深入现场实地观察召开汇报会、座谈会、调查会以及个别访问职工，使用安全检查表，查阅有关文件和资料等，都是常用而有效的方法，可以根据具体情况灵活运用。

（1）安全会议检查法。是指通过召开汇报会、座谈会等安全工作会议，由被检查单位汇报安全生产工作，检查人员通过听取汇报、询问对话交流，从而了解被检查单位安全生产工作情况。

（2）常规检查法。它是一种定性检查方法，也是一种最常见的检查方法。通常是安全管理人员作为检查工作的主体，通过感观或辅助一定的简单工具、仪表等，对安全生产管理、作业人员的行为、作业场所的环境条件、生产设备设施等进行的定性检查。安全检查人员通过这一手段，及时发现现场存在的安全隐患并采取措施予以消除，纠正人员的不安全行为。常规检查主要依靠安全检查人员的经验和能力，检查的结果直接受到检查人员个人素质的影响。检查中应有检查记录表，及时记录检查中发现的问题，记录表应包含隐患描述、隐患区域、隐患发现时间等相关内容。

（3）安全检查表法。为使安全检查工作更加规范，将个人的行为对检查结果的影响减少到最小，常采用安全检查表法。安全检查表法就是通过事先把系统加以分析，列出各层次的不安全因素，确定检查项目，编制成表，并根据检查表项目依次进行检查。安全检查表是安全检查中最有效的工具，也是依据，利用安全检查表能做到目标明确、要求具体、查之有据。

（4）仪器检查及数据分析法。有些单位设备、系统运行数据具有在线监视和记录的系统设计，对设备、系统的运行状况可通过对数据的变化趋势进行分析得出结论。对没有在线数据检测系统的机器、设备、系统，只能通过仪器检查法来进行定量化的检验和测量。仪器检查法指检查人员利用各种仪器来检测机器，获取设备内部的缺陷及作业环境条件的真实信息或定量数据，发现隐患。这种检查方法是一种定量检查，当对作业环境、设备内部和一些采用其他检查方法无法进行检查时，只能用仪器检查法。

（5）自查与互查法。自查即是下级相对于上级开展安全检查，一般自查的检查面广，普及性好，能起到增强职工安全生产自觉性作用；而互查是指同一行业的企业之间或企业内班组、个人相互之间开展的安全检查，这种检查方法可以起到互相学习、互相促进的作用。

在实际检查工作中，上述方法通常是交叉使用，无论采用哪种形式，检查者一定要以高度负责的态度，深入实际现场，掌握现场第一手资料，认真细致地进行全面检查，才能达到良好效果。

安全检查必须贯彻领导干部、专业人员、职工群众相结合的原则，若检查的规模和范围比较大，组成有应急、卫健、工会和公安等有关部门和单位参加的临时领导机构，下设办公室，具体组织检查工作。若以工会为主组织的安全检查，应由工会负责同志任组长，成员可以由工会劳动保护专职、兼职干部组成，同时可邀请安全专家和政府有关部门相关人员参与。不管采取哪种形式，都要有负责同志具体负责检查工作，并亲自抓、亲自参加检查。同时，要广泛发动群众，依靠群众，提高群众安全生产自觉性。

46 什么是安全检查表？

安全检查表是根据有关法律、法规、规章、规范、标准、制度及其他系统分析方法的结果，系统地对一个生产系统或设备进行科学的分析，从而找出各种不安全因素，依据检查项目把找出的不安全因素以问题清单的形式制成表，以便于实施检查和安全管理，这种表叫作安全检查表。

安全检查表实际上就是一份实施安全检查和诊断的项目明细表，是安全检查结果的备忘录。实践证明，安全检查中使用安全检查表会使安全检查更科学、更有效，可以避免重复、漏查和克服盲目性，也是国际通行的一种有效的安全检查工具。全国总工会曾在工会系统中推广的安全检查提示卡也是一种安全检查表。安全检查提示卡是针对某一作业场所或岗位，将所要检查的项目和内容制成表格，检查人持表对作业场所和岗位进行安全检查、安全测评。安全检查提示卡是一种作业现场（岗位）安全检查主要内容提示卡，具有较强的针对性、实用性和可操作性，较好地解决了工会劳动保护检查人员和操作工人在安全检查中“查什么、怎么查”的问题。

需要注意的是，应用安全检查表实施检查时，应落实安全检查人员。为保证检查的有效定期实施，应将检查表列入相关安全检查管理制度或制定安全检查表的实施办法。应用安全检查表检查，必须注意信息的反馈及整改。应用安全检查表检查，必须按编制的内容，逐项、逐内容、逐点检查。做到有问必答、有点必检，按规定的符号填写清楚。

安全检查表依据不同目的和不同对象，可编制多种类型的安全检查表。安全检查表按使用阶段分为设计用安全检查表和现场安全检查表。按使用范围分为区域性安全检查表、行业性安全检查表、企业安全检查表、车间安全检查表和岗位安全检查表。按使用性质分为综合安全检查表和专项安全检查表。按用途和内容可分为设计审查用安全检查表、厂级（公司）安全检查表、车间安全检查表、工段及岗位安全检查表和专业性安全检查表。

47 安全检查表的内容要求有哪些?

安全检查表的内容一般包括序号、检查内容、检查结果、备注。检查结果可以用“是（√）”（表示符合要求）或“否

（×）”（表示还存在问题，有待进一步改进）来回答检查内容，也可以用其他简单的参数来进行回答，还可以用打分形式表示检查结果（需制定评分标准）。备注栏可注明采取措施的要求或其他事项，或者设置改进措施栏，以填写整改措施意见。为了使检查表进一步具体化，还可以增添栏目，将各检查内容的标准或参考标准列出，使检查者和被检查者知道怎么做才符合要求，有利于提高检查效果和检查质量。每张检查表均需注明检查时间、地点（如检查的车间、工段等）、检查者、直接负责人等，以便分清责任。检查表一式两份，在确认签字后，一份留给被检查单位用于对照整改和反馈整改情况，一份留底备查。

厂级安全检查表主要集中在防止火灾、交通、安保和人身伤亡事故方面，具体内容包括厂区各个产品的工艺和装置的安全性、要害部位、主要安全装置与设施、危险品的贮存与使用、消防通道与设施、操作管理及遵章守纪情况。这类检查表供全厂性安全检查时使用，也可供安技、防火部门进行日常巡回检查时使用。

车间安全检查表主要集中在防止人身、设备、机械加工等事故方面，其内容包括工艺安全、设备布置、安全通道、通风照明、安全标志、尘毒及有害气体浓度消防设施及操作管理等。该表供车间进行定期安全检查或预防性检查时使用。

工段及岗位安全检查表应根据岗位的工艺与设备的预防事故控制要点确定，内容应具体、易行，特别需要在防止误操作引起的事故和隐患控制项目方面列出检查的项目。这类检查表供工段及岗位进行自查、互查或进行安全教育使用。

48 安全检查表有哪些特点?

实践证明，利用安全检查表进行系统安全性分析是安全检查中行之有效的基本方法，具有以下五个方面的特点：

（1）通过预先对检查对象进行详细调查研究和全面分析，所制定出来的安全检查表比较系统、完整，能包括控制事故发生的各种因素，可避免检查过程中的走过场和盲目性，从而提高安全检查工作的效果和质量。

（2）安全检查表是根据有关法规、安全规程和标准制定的，因此检查目的明确，内容具体，易于实现安全要求。

（3）对所拟定的检查项目进行逐项检查的过程，也是对系统危险因素辨识、评价和制定措施的过程，既能准确地查出隐患，又能得出确切的结论，从而保证有关法规的全面落实。

（4）检查表是与有关责任人紧密相联的，所以易于推行安全生产责任制，检查后能够做到事故清、责任明、整改措施落实快。

（5）安全检查表是通过问答的形式进行检查的过程，所以使用起来简单易行，易于安全管理人员和广大职工掌握和接受，可经常自我检查。

49 如何编制安全检查表?

安全检查表应由专业干部、有关部门领导、工程技术人员和工人共同编写，并通过实践检验不断修改，使之逐步完善。安全检查表可以按生产系统、车间、工段和岗位编写，也可以按专题编写，如对重要设备和容易出现事故的工艺流程，就应该编制该项工艺的专门的安全检查表。安全检查表的编制过程，也是对系统进行安全分析的过程。通过对系统的全面分析，结合有关资料，找出系统中存在的隐患、事故发生的可能途径和影响后果等，然后根据有关法规、规章制度、标准和安全技术要求，完成检查表的制定工作。

安全检查表的编制依据是：有关法律、法规、标准、规程、规范及规定；国内外事故案例；结合本单位生产操作的实践经验，系统分析本单位各种潜在的危险因素和外界环境条件；其他系统分析方法对系统进行分析的结果。

安全检查表的编制步骤包括：

（1）确定系统。指的是确定出所要检查的对象，检查对象可大可小，它可以是某一工序、某个工作地点、某个具体设备等。

（2）找出危险点。这一部分是制作安全检查表的关键，因检查表内的项目、内容都是要针对危险因素而提出的，所以找出系统的危险点是至关重要的。在找危险点时，可采用系统安全分析法、经验和实践等分析寻找。

（3）确定项目与内容，编制成表。根据找出的危险点，对照有关制度、标准法规、安全要求等分类确定项目，并写出其内容，按检查表的格式制成表格形式。

（4）检查应用。放到现场实施应用、检查时，要根据要点中所提出的内容，一个一个地进行核对，并做出相应回答。

（5）整改。如果在检查中，发现现场的操作与检查内容不符时，则说明这一点上已存在事故隐患，应该马上予以整改，按检查表的内容实施。

（6）反馈。由于在安全检查表的制作中，可能存在某些考虑不周的地方，所以在检查应用过程中，若发现问题，应马上向上汇报、反馈上去，进行补充完善。

综上所述，安全检查表的编制与实施可概括如下：确定分析对象，找出其危险点；确定检查项目，定出具体内容；顺序编制成表，逐项进行检查；对照标准评价，做出正确回答；不断补充完善，提出整改意见。

50 对安全检查结果的处理要把握哪些原则？

正确、及时、有效地处理安全检查中发现的事故隐患和不安全因素，做到条条有着落、件件有交代，应遵循以下原则：

（1）边查边改的原则。在生产作业现场进行安全检查，发现的事故隐患和不安全因素，当场可以解决的，应要求生产经营单位立即进行整改，并现场记录整改的人员、方法或措施、时间等。如现场检查发现闸刀的保险丝用铁丝代替，应当场要求电工更换符合要求的保险丝；如发现有员工操作钻床戴手套，应当即纠正并给予批评教育。这种边查边改的方法一方面可以及时消除事故隐患和违章行为，另一方面也能减少安全检查人员后期的工作量。同时，现场解决问题，对于在场员工是很好的安全教育，其效果比课堂安全教育更好。

（2）限期整改的原则。限期整改就是要求对事故隐患和不安全因素在规定的时间内按要求整改完毕。对于不能在现场立即解决的问题，必须限期解决。限期整改通知不能采用口头的表达方式，而要用书面方式并按程序明确整改时限、整改要求和整改标准，只有这样才能保证整改的效果。

（3）采取防护措施的原则。对于一些事故隐患或不安全因素，在整改之前，必须采取一定的防护措施，确保不发生事故。如某砂轮机缺少防护挡板，应设置警告标志并停止使用，待防护挡板安装完毕后再恢复正常使用。

（4）“三定四不推”原则。“三定”是指定具体负责人、定措施办法、定整改时限。“四不推”是指凡班组能解决的不推给车间，凡车间能解决的不推给企业，凡企业能解决的不推给上级主管部门，凡本级主管部门能解决的不推给上一级机关。

51 对安全检查结果，工会可采取哪些措施？

（1）对检查出来的违章指挥、违章作业等属于人的不安全行为，要认真分析违章行为产生的原因，并有针对性地进行整改，或修订作业规程，或加强教育培训。

（2）对检查出来的一般性的隐患，要按照“三定四不推”原则进行整改。

（3）对检查出来的重大隐患，要建立档案，可以采用《限期解决问题建议书》，跟踪监督企业行政整改。必要时向政府有关部门通报，建议整改，并督促其落实。

（4）对企业一时无法解决的重大隐患，在采取必要的应急防范措施的基础上，应建议列入企业安全技术措施计划，必要时也可以作为企业平等协商签订集体合同的一项内容。

（5）对企业自身无法解决的重大隐患，要按系统，逐级上报。

（6）对企业存在重大隐患且拒不整改的，应提请政府有关部门采取强制性措施。

52 什么是事故隐患？

事故隐患是指生产经营单位违反安全生产法律、法规、规章、标准、规程和安全生产管理制度的规定，或者因其他因素在生产经营活动中存在可能导致事故发生的人的不安全行为、物的危险状态、场所的不安全因素和管理上的缺陷。

事故隐患分为一般事故隐患和重大事故隐患。一般事故隐患，是指危害和整改难度较小，发现后能够立即整改消除的隐患。重大事故隐患，是指危害和整改难度较大，需要全部或者局部停产停业，并经过一定时间整改治理方能消除的隐患，或者因外部因素影响致使生产经营单位自身难以消除的隐患。

53 什么是隐患排查？

隐患排查是指生产经营单位按照本单位隐患排查制度组织相关人员排查本单位的事故隐患，对排查出的事故隐患进行登记，对事故隐患排查治理实施全覆盖、全过程管理。在重要时间节点和事故多发易发时段，工会各级组织一方面要发挥群防群治的优势，围绕企业中存在的安全教育培训、安全防范措施、劳动保护措施不到位不落实和违章指挥、违规操作、违反劳动纪律等问题，督促企业整改治理到位；另一方面要广泛征集职工安全生产合理化建议，为企业安全生产、加强劳动保护献计献策。

单位可以采用以下方式开展事故隐患排查：一是作业前检查。由从业人员在每次上岗作业前进行，重点检查工作岗位相关设备、设施、安全装置和个体防护等方面的事故隐患。二是日常排查。由生产经营单位班组、车间等基层生产单元组织，每周至少开展一次。重点检查本生产单元相关设备、设施、场所以及从业人员遵章守纪等方面的事故隐患。三是专项排查。由生产经营单位负责安全生产、设备、技术等业务的管理机构组织，每季度至少开展一次。重点检查工艺系统、设备设施的安全状况和季节性因素可能对安全生产造成的影响。四是全面排查。由生产经营单位主要负责人组织，每年至少开展两次。全面检查生产经营场所、周边环境、设备设施的安全状况，贯彻执行安全生产相关法规、标准的情况，以及落实本单位安全生产规章制度情况。五是事故类比排查。本单位发生造成人员死亡或者重伤的生产安全事故或者本行业、领域发生较大以上生产安全事故的，生产经营单位应及时开展专项排查。针对事件原因举一反三，安排对相关部门进行专项安全检查。

54 安全生产检查和隐患排查的联系和区别是什么?

安全生产检查和隐患排查的联系：安全生产检查包括隐患排查，安全生产检查和隐患排查的目的相似，都是为了查找隐患，安全生产检查发现的问题需要转入隐患治理程序进行整改，安全生产检查的过程也是发现隐患的过程。

安全生产检查和隐患排查的区别：

一是内容不同。隐患排查是针对存在的安全隐患进行专属性的检查。隐患排查的基础是对安全隐患有一定的识别，已经识别出哪些是安全隐患的频繁地点或工序，关注点不同，隐患排查应属于专项检查的类型，侧重于一线作业现场的检查，以排查现场、设备设施的隐患为主。安全生产检查是全方位的。安全生产检查一般是指综合性质的检查，包括对制度制定、员工培训、设备设施管理、应急管理、事故处理、现场管理等方面的检查，相对较全面。

二是深度不同。隐患排查可以把因果关系互为审查，根据原因推论结果，根据结果推论原因，需要有系统知识和专业知识、实践经验。而安全生产检查则是查现象，一般只注重结果，而不查找原因。

三是频率不同。安全生产检查的方式和频率较灵活，也可定期综合检查和专项检查，而隐患排查通常以定期排查和专项排查为主。

四是方法不同。隐患排查的方法，主要采用：（1）故障树分析的方法；（2）海因里希因果连锁论法；（3）变化—失误理论；（4）轨迹交叉理论；（5）以人失误为主因的事故模型；（6）以管理失误为主因的事故模型；（7）隐患排查，用上述一种或几种方法对“人—机—环—法—料”进行分析。安全生产检查的方法较为简单，侧重现状不同。一般采用直观经验法，只注重结果的存在，一般不查找原因；有单方面知识或实践经验就行；基本上都是用眼看、动手查，必要时动工具测。

五是主体不同。安全生产检查的主体一般是企业安全管理组织机构、上级组织或者政府安全监督管理部门。隐患排查的主体一般是本岗位工作业务职责范围或者本企业本部门业务职能范围。从检查主体可以初步判断，大部分安全生产检查属于上级查下级的多，政府查企业的多，也包含督查督导类检查。隐患排查主要是自查、自报、自纠、自改、自治。

55 “五个一”隐患排查的具体做法有哪些?

浙江省总工会广泛组织和发动职工群众，开展了一系列行之有效的隐患排查治理活动，具体做法归结为“五个一”，即明确一些重点、推行一套机制、实施一个制度、组织一项活动、抓实一支队伍。“五个一”排隐患：（1）明确一些重点。依据各地实际情况，确定隐患排查重点，提高隐患排查治理的针对性。（2）推行一套机制。工作机制以“查找隐患、平等协商、签订协议、跟踪落实、持续改进”为基本内容。（3）实施一个制度。实施企业工会劳动保护分级分类管理制度，一是在分级管理的内容上，突出劳动保护组织建设、劳动保护制度和台账、劳动保护宣传教育培训、劳动保护监督检查、生产安全事故调查处理 5 个方面，二是在等级划分上，实施企业工会 A 级、B 级和 C 级分类指导，三是在评级管理上采取动态管理；（4）组织一项活动。开展安全生产合理化建议暨“十佳金点子”评选活动，是引导职工开展群众性安全隐患排查的有效载体。（5）抓实一支队伍。抓实劳动保护监督检查员队伍，一是抓好队伍建设；二是加强培训，提高素质；三是组织互查，践行实践。

56 组织职工开展安全生产隐患排查治理工作的重要性是什么？

组织职工开展安全生产隐患排查治理工作，是切实维护和落实企业职工安全生产参与权和监督权的重要举措，是工会组织参与企业安全生产监督管理的重要手段。

组织职工开展安全生产隐患排查治理工作，是企业落实安全生产主体责任，夯实安全基础，实现关口前移、重心下移的重要措施；是实现企业安全生产规范化管理、标准化建设，推进企业安全可持续发展的重要保证。

组织职工开展安全生产隐患排查治理工作，是职工参与企业安全生产民主管理和民主监督，落实职工岗位安全生产责任制，减少职业危害，防止事故发生的有效途径。

57 开展安全生产隐患排查治理工作的主要内容有哪些？

建立隐患排查治理工作制度。各级工会要建立隐患排查治理工作制度，主要内容包括隐患定期排查制度；建档登记逐级报告制度；整改治理结果公告和确认制度；隐患评估、举报和奖励等制度。

组织职工开展隐患排查工作。各级工会要依照有关法律法规和工会劳动保护监督检查“三个条例”的规定，认真履行监督检查职责，在组织职工开展“安康杯”竞赛、群众性安全生产监督检查、职工代表安全生产视察、配合政府及有关部门开展安全生产检查等工作中，及时发现事故隐患和职业危害，跟踪监督企业整改治理。

建立健全事故隐患和职业危害档案。企业、车间工会要建立事故隐患和职业危害档案。档案内容包括事故隐患或职业危害作业点的名称、地点、可能的人数、可能造成的经济损失、整改措施、整改单位和责任人等，并将整改结果记录在案。

开展事故隐患和职业危害整改治理。一般性事故隐患和职业危害，企业工会（或车间工会）应建立档案，督促整改；重大事故隐患和严重职业危害，企业工会在提出整改建议的同时，报上级工会进行评估，跟踪监督企业整改治理。对于不能立即整改的事故隐患和职业危害，企业工会应督促企业采取防范措施，提出限期整改治理建议，跟踪监督整改，并向同级安全监管部门通报。

加强隐患评估、举报和奖励工作。各级工会要设立举报电话、信箱、电子邮箱，并向社会公布。本级工会难以解决的，逐级向上一级工会报告。受理举报的工会组织要组织专家对隐患等级进行评估，重大事故隐患和严重职业危害，要会同安监部门及时核查，督促企业整改治理；受理的举报经调查属实的，依据事故隐患分级给予奖励，所需经费由各级工会从年度经费预算中列支。

督促企业加大安全生产投入。各级工会要督促企业加强安全生产教育和培训，搞好安全标准化建设和岗位达标，推动企业技术进步和产业升级，提高企业安全设施装备水平和机械化、自动化程度，促进企业建立自我完善、持续改进、逐步提高的安全管理机制，提升企业整体安全管理水平。

58 在检查事故隐患和职业病危害作业点中，工会、基层工会劳动保护监督检查委员会、工会小组劳动保护检查员分别主要开展哪些工作？

职业病危害作业点是指由于工艺技术、设备、卫生防护设施等的缺陷，致使生产劳动环境中存在一些物理的、化学的、生物的有害物质，可能对接触者造成职业病危害或患职业性疾病的作业点。我国现制定和颁布了作业场所劳动条件分级的国家标准或者行业标准，可以作为职业病危害作业点分级的依据。

工会要发挥劳动保护监督检查网络的作用，会同行政、职工群众，及时检查发现事故隐患和职业病危害作业点，并做好登记工作。

基层工会劳动保护监督检查委员会要组织其委员独立或协同行政有关方面，定期或不定期地开展全面或专项安全卫生检查，发现事故隐患和职业病危害作业点，并进行登记。

工会小组劳动保护检查员要发动班组职工检查、发现工作场所的各种事故隐患和职业病危害作业点，并及时登记。

59 基层工会如何处置检查发现的事故隐患和职业病危害作业点?

对检查发现的事故隐患和职业病危害作业点，基层工会要会同有关部门做好评估工作，必要时要求企业委托具备资质的安全评价机构对隐患进行评估。评估工作的重点是认定事故隐患可能造成的死亡人数和经济损失，认定职业病危害作业点的粉尘、毒物浓度及其危害的程度，在评估的基础上进行分级，提出整改措施。同时需要跟踪监督检查事故隐患和职业病危害作业点，并按照要求建立档案。

企业自身无法解决的事故隐患和职业病危害作业点，基层工会应及时填写事故隐患和职业病危害作业点报告书，报上级工会劳动保护部门，同时建议企业行政报上级主管部门。上级工会劳动保护部门对上报的事故隐患应建档并实行跟踪监督检查，仍无法解决的应逐级上报建档，实行跟踪监督检查。

对于已经建档的事故隐患，要定期认真统计、分析。自身无法解决的事故隐患，要写出详细的专题报告，说明无法解决的理由，请上级组织给予解决。对于已经整改的事故隐患应存档，在档案中要注明整改的日期、整改负责人、所采取的措施、整改效果及取得的经验和体会。

60 在事故隐患和职业病危害作业点整改过程中，企业（基层）工会应重点做好哪几项工作?

对评估和建档的事故隐患和职业病危害作业点，企业应当及时落实整改措施，工会负有跟踪监督检查与协助企业行政落实整改的责任。企业（基层）工会在事故隐患整改过程中应做好以下几项工作：

凡是能够在班组、车间和企业内解决的事故隐患和职业病危害作业点，应列为跟踪监督检查的目标，监督、协助行政实施整改，发动并组织职工积极参与整改。

对可能发生火灾、爆炸、坍塌和急性中毒等事故隐患与职业病危害作业点，要作为跟踪监督整改的重点。

凡是可以解决的问题，应督促有关方面立即落实整改措施并及时解决；暂时不能解决的问题，应根据实际情况向行政提出限期整改的意见，并协助行政确定解决措施、解决时间和负责人；凡能列入企业安全措施计划、大修计划、技术改造工程和其他项目的事故隐患，应建议并督促企业行政将其列入有关措施计划认真加以落实。

重大问题应提交职工代表大会审议并监督执行。

在事故隐患和职业病危害作业点整改措施未落实期间，应建议、协助并监督企业行政采取应急防范措施。

CAN JIA SHI GU
DIAO CHA CHU LI

第五部分

参加事故调查处理

61 事故的定义及类型是什么？

根据《职业安全卫生术语》，事故是指造成死亡、疾病、伤害、损伤或其他损失的意外情况。职工伤亡事故是指职业活动过程中发生的职工人身伤亡或急性中毒事件，即事故既包括生产安全事故，也包括职业病危害事故。生产安全事故是指在生产经营活动中发生的造成人身伤亡（包括急性工业中毒）或者直接经济损失的事故。

根据《生产安全事故统计调查制度》，事故类型分为基本事故类型和一些特定行业事故类型，具体如下：

基本事故类型：①物体打击，②车辆伤害，③机械伤害，④起重伤害，⑤触电，⑥淹溺，⑦灼烫，⑧火灾，⑨高处坠落，⑩坍塌，⑪冒顶片帮，⑫透水，⑬爆破，⑭火药爆炸，⑮瓦斯爆炸，⑯锅炉爆炸，⑰容器爆炸，⑱其他爆炸，⑲中毒和窒息，⑳其他伤害。

煤矿事故类型：①顶板，②冲击地压，③瓦斯，④煤尘，⑤机电，⑥运输，⑦爆破，⑧水害，⑨火灾，⑩其他。

道路运输事故类型：①碰撞，②碾压，③刮擦，④翻车，⑤坠车，⑥爆炸，⑦失火。

渔业船舶事故类型：①碰撞，②风损，③触损，④火灾，⑤自沉，⑥机械损伤，⑦触电，⑧急性工业中毒，⑨溺水，⑩其他。

水上运输事故类型：①碰撞，②搁浅，③触礁，④触碰，⑤浪损，⑥火灾、爆炸，⑦风灾，⑧自沉，⑨操作性污染，⑩其他。

62 事故的等级是如何划分的？

《生产安全事故报告和调查处理条例》规定，根据生产安全事故造成的人员伤亡或者直接经济损失，事故一般分为以下四个等级：

（1）特别重大事故，是指造成 30 人以上死亡，或者 100 人以上重伤（包括急性工业中毒，下同），或者 1 亿元以上直接经济损失的事故；

（2）重大事故，是指造成 10 人以上 30 人以下死亡，或者 50 人以上 100 人以下重伤，或者 5000 万元以上 1 亿元以下直接经济损失的事故；

（3）较大事故，是指造成 3 人以上 10 人以下死亡，或者 10 人以上 50 人以下重伤，或者 1000 万元以上 5000 万元以下直接经济损失的事故；

（4）一般事故，是指造成 3 人以下死亡，或者 10 人以下重伤，或者 1000 万元以下直接经济损失的事故。

上述所称的“以上”包括本数，“以下”不包括本数。按照死亡人数、重伤人数（含急性工业中毒）、直接经济损失三者中最高级别确定事故等级。

死亡（下落不明）人数指因事故造成人员在30日内（火灾、道路运输事故7日内）死亡和下落不明人数。

受伤指因事故造成的肢体伤残或某些器官功能性或器质性损伤，表现为劳动能力受到伤害，经医院诊断，需歇工3个工作日及以上。包括轻伤和重伤。轻伤指因事故造成的肢体伤残或某些器官功能性或器质性损伤，表现为劳动能力受到伤害，经医院诊断，需歇工3个工作日及以上、105个工作日及以下。重伤是指因事故造成的肢体残缺或视觉、听觉等器官受到严重损伤甚至丧失或引起人体长期存在功能障碍和劳动能力重大损失的伤害，经医院诊断需歇工105个工作日及以上。急性工业中毒是指人体因接触国家规定的工业性毒物、有害气体，一次吸入大量工业有毒物质使人体在短时间内发生病变，导致人员立即中断工作，需歇工3个工作日及以上。

直接经济损失（万元）按《企业职工伤亡事故经济损失统计标准》计算。直接经济损失指因事故造成人身伤亡及善后处理支出的费用和毁坏财产的价值。直接经济损失的统计范围：(1）人身伤亡后所支出的费用，包括医疗费用（含护理费用）、丧葬及抚恤费用、补助及救济费用、歇工工资。(2）善后处理费用。包括处理事故的事务性费用、现场抢救费用、清理现场费用、事故罚款和赔偿费用。(3）财产损失价值，包括固定资产损失价值、流动资产损失价值。

我国现行事故调查处理的分工主要根据《生产安全事故报告和调查处理条例》《国务院关于特大安全事故行政责任追究的规定》，按一般事故、较大事故、重大事故、特别重大事故采取分级负责、属地管理的原则。目前，特别重大事故由国务院组织调查，重大事故由省级人民政府组织调查，较大事故由市级人民政府组织调查，一般事故由区县人民政府组织调查。

63 全国总工会对事故的统计、报告工作是如何规定的?

认真做好事故统计、报告和分析工作，是加强工会劳动保护基础建设的一项重要内容，也是工会依法进行群众监督、有效行使工会参与劳动保护决策的重要依据。全国总工会对事故的统计、报告工作作出了明确的规定。

（1）生产安全事故发生后，事故发生单位工会应当于 1 小时内向地方总工会报告；未建立工会组织的单位发生事故，由所在地总工会报上级工会。

（2）地方总工会接到报告后，根据事故等级，依照下列规定逐级上报事故情况：特别重大事故、重大事故上报至全国总工会；较大事故上报至省（区、市）总工会；一般事故上报至设区的市总工会。每级上报的时间不得超过 2 小时。必要时，地方工会可以越级上报事故情况。

（3）报告事故应当包括下列内容：事故发生单位概况；事故发生的时间、地点以及事故现场情况；事故简要经过；事故已经造成或者可能造成的伤亡人数（包括下落不明的人数）；已经采取的措施；工会参与情况；其他应当报告的情况。

（4）发生一次死亡 3 人以上的伤亡事故，省（区、市）总工会或产业工会的劳动保护部门须在事故发生 24 小时内用快速方式上报全国总工会劳动和经济工作部。对一次死亡 10 人以上的伤亡事故，在事故调查结束后，应及时将事故调查报告和工会参与事故调查情况等有关材料上报全国总工会劳动和经济工作部；事故结案后，应及时将事故结案报告和工会参与结案情况等有关材料上报全国总工会劳动和经济工作部。

（5）各级工会应建立职工伤亡事故统计、分析、报告制度，填写报表要认真、准确、内容齐全，经领导人审核并加盖公章。

64 工会参加事故调查处理的法律依据是什么?

工会是中国共产党领导的职工自愿结合的工人阶级群众组织。其组织属性很明确，代表职工的利益，依法维护职工的合法权益。生产领域发生事故往往涉及职工切身利益，无论事故企业的经济损失，还是事故过程中职工身体受到的伤害，都与职工利益密切相关，从组织属性上工会必须参加事故调查处理。事故调查处理是安全工作的重要环节。工会参加事故调查处理是工会劳动保护工作的重要内容，也是法律赋予工会的重要职责。工会参加事故调查处理是有法律依据的。

《工会法》规定，职工因工伤亡事故和其他严重危害职工健康问题的调查处理，必须有工会参加。工会应当向有关部门提出处理意见，并有权要求追究直接负责的主管人员和有关责任人员的责任。对工会提出的意见，应当及时研究，给予答复。

《安全生产法》规定，工会有权依法参加事故调查，向有关部门提出处理意见，并要求追究有关人员的责任。

《职业病防治法》规定，工会组织对用人单位违反职业病防治法律、法规，侵犯劳动者合法权益的行为，有权要求纠正；产生严重职业病危害时，有权要求采取防护措施，或者向政府有关部门建议采取强制性措施；发生职业病危害事故时，有权参与事故调查处理；发现危及劳动者生命健康的情形时，有权向用人单位建议组织劳动者撤离危险现场，用人单位应当立即作出处理。

《生产安全事故报告和调查处理条例》规定，工会依法参加事故调查处理，有权向有关部门提出处理意见。

65 工会参加事故调查的任务是什么？

生产安全事故发生后，受损害的是生产一线职工。职工家属关心的是抢险救援、医疗救治、损害赔付、自身责任，关心的是事故处理过程和结果的公平、公正。工会是职工的“娘家人”，维护职工生命安全健康权益是工会的重要职责，在事故调查处理中，工会组织参加事故调查处理，理应客观公正解决好职工诉求。如果工会缺位事故调查处理，职工的生命安全健康合法权益就难以维护，所以工会参加事故调查处理不仅不能缺位，还应发挥积极作用。工会参加事故调查的任务主要有：

（1）掌握第一手资料。发生生产安全事故后，工会组织应第一时间派员赶赴现场，了解事故发生时间、地点、职工伤亡情况、抢险救援情况，并及时向上级工会报告，体现工会作为，能够很好地树立工会组织良好的形象。只有工会及时派员赶赴事故现场，掌握第一手事故现场资料，才能很好地完成法律赋予工会事故调查处理任务。出事故现场掌握的第一手资料，以及对事故性质和原因的初步判定对下一步事故调查处理非常有用。

（2）分析事故性质。安全生产事故的定性是事故处理的关键，也是责任事故间接原因处理的依据。是责任事故还是自然灾害，关系到是否追究责任者的责任。责任事故发生的直接原因，影响到追究哪些责任部门和责任人员。事故的定性更是社会关注的热点、焦点。分析事故的性质，判定事故的直接原因，一般由事故调查组的技术组完成。得出的结论，工会是否认同很重要。事故处理时，工会需派员参加技术组工作。

（3）研究处理责任部门人员。追究责任事故的责任者，是事故处理坚持的“四不放过”原则的基本要求。其目的是处罚责任者安全生产管理工作不到位、制定的管理制度不完善。对安全生产事故责任者的责任追究，起着教育和警示作用。工会参加事故调查处理责任重大。事故的门类比较多，处理事故的专业性知识要求比较强，追究责任者实用法律法规精准性要求高。要求参加事故调查处理的工会工作人员，不断学习业务知识，及时请教相关专家特别是涉及责任追究的职工，重则刑事追究，轻则党政纪处分甚至失去工作。工会参加事故处理，是在真正践行维护职工合法权益的具体行动。

（4）提出防范措施。调查组应当在认定事故性质和事故责任的基础上，针对事故责任单位和人员、监督管理机构和人员、技术服务机构以及法规、标准制定等方面提出有效的事故预防措施和整改建议。防范与整改措施遵循针对性和可操作原则、全面性和适应性原则，防范与整改措施内容包括事故单位和政府的防范与整改措施内容。

（5）完成调查报告。现场调查取证工作基本结束后，各工作组应当按照起草事故调查报告的需要，每组指定两名熟悉本组调查工作并参与本组调查报告起草的人员，参与事故调查报告起草及补充调查取证工作。事故调查报告应包括 11 个要素，其中 1 ～ 2 分别为封面和目录；3 ～ 10 为报告正文，分别为报告开篇和事故性质认定、事故基本情况、事故应急处置及评估情况、事故原因分析、有关责任单位存在的主要问题、对有关责任人员和责任单位的处理建议、事故主要教训、事故整改和防范措施；11 为附件。事故调查报告原则上按照《生产安全事故调查报告编制指南（试行）》要求编写，满足上述内容要素和结构。在尊重事实的基础上，根据调查工作需要，可以作适当调整。

66 工会参加事故调查要重点关注的问题有哪些?

作为职工权益的代表者和维护者，工会在参加事故调查处理时要特别注意保护职工的合法权益。

是否有瞒报、漏报事故的情况。瞒报、漏报事故，一方面有可能使伤亡职工不能依法享受工伤保险待遇和遗漏用人单位应承担的民事赔偿。另一方面无法按照“四不放过”原则，防范同类事故的发生，从而可能使更多的职工受到同样的伤害。

调查、分析事故原因和确定、处理事故责任者时，是否全面、公正。在事故调查处理时，有时存在“领导干部层层有人保，职工的责任跑不掉”的现象。因此，工会在事故调查、分析事故原因时，既要分析事故的直接原因（人的不安全行为和物的不安全状态），更要分析导致事故的直接原因存在的间接原因（管理缺陷）；在确定和处理事故责任者时，既要确定和处理事故的直接责任者（包括直接操作者和直接指挥者），也要确定和处理事故的间接责任者（包括负有领导责任的领导者和负有管理责任的管理人员）。只有这样，事故调查处理才比较全面、公正。

职工是否依法获得工伤保险待遇和用人单位的民事赔偿。《安全生产法》规定，因生产安全事故受到损害的从业人员，除依法享有工伤社会保险外，依照有关民事法律尚有获得赔偿的权利的，有权向本单位提出赔偿要求。因此，在伤亡事故调查处理过程中，要调查了解用人单位是否依法履行了工伤保险责任。当用人单位违反了有关法律，侵害了职工的合法权益，受害人提出民事赔偿要求时，工会应当为职工提供必要的法律援助。

67 事故调查处理的原则是什么？

事故调查处理应当坚持实事求是、尊重科学的原则，坚持“四不放过”原则，即事故原因未查清不放过、防范措施未落实不放过、职工群众未受到教育不放过、事故责任者未受到处理不放过。在实际工作中应当做到依法依规、实事求是、科学严谨、注重实效的认真开展。

事故调查处理是专业性、技术性、政策性高度统一的工作，要保证对事故进行客观、公正的处理，必须坚持尊重科学的原则。一是要有科学的态度，重调查分析，重充分论证，运用实践经验和专业知识，进行科学思维，找出事故的因果关系，不盲目判定和下结论。二是要有科学的方法，如现场分析法、个体调查法、会议讨论法等，通过这些科学方法的综合运用，来保证对事故的现场勘察、调查取证、论证分析的完整性、真实性。三是要有科学的技术手段，在事故调查处理过程中，有的事故原因比较简单直观，有的则非常复杂，需要依据科学技术手段，对事故现象进行分析，必要时要借助科学手段进行模拟试验，以得出准确的结论。

我国先后制定并颁布了一系列劳动安全卫生方面的法律、法规和标准，在查处事故的过程中，必须严肃认真地遵照这些法律、法规，以法律、法规为准绳，避免有法不依、执法不严的随意性。特别是查处一些重大责任事故，涉及事故性质的认定、有关责任者的责任划分和处理意见的决定等，都必须做到以法律为依据，客观、公正地处理。

任何事故的发生都有其内在的必然性，有其外部因素和条件。首先，要从实际出发，公正、客观、全面地对事故的全过程进行深入调查，掌握大量的第一手材料；其次，在事故调查处理过程中，要防止当事人推卸责任，弄虚作假，大事化小，做假证或嫁祸他人；最后，要杜绝以主观想象或个人意愿来判定事故性质、原因及责任者。一切结论都要在全面的调查取证和充分的论证之后，以事实为依据，客观、公正地作出。

事故调查的结论对防范今后类似事故应有所帮助，事故调查组要根据事故的原因分析，提出整改措施。整改措施应从生产工艺、操作流程、工人培训、企业安全管理等方面提出要求。

对于一些事故，还应提出完善国家或行业标准、改进政府监管等方面的具体建议。通过事故调查组提出的具有针对性和可操作性的整改措施，从而达到防止和减少生产安全事故的实际效果。

68 工会如何做好事故调查处理工作?

要提高参与的主动性。依法主动参与事故调查处理，一是要及时参与，二是要全过程参与，三是要全方位参与。生产安全事故的发生，是多方面原因共同作用的结果，要全方位、深层次、多角度、宽领域去分析和研究。

要依法加强监督。工会组织要在与有关部门充分沟通协调的基础上，依法履行监督职责，提高监督的实效性。一是要监督是否公开透明，二是要监督是否科学严谨，三是要监督是否依法依规。通过事故调查，要提出针对性强和具有可操作性的整改措施，有时还应从完善法律法规或行业标准、改进政府监管等方面提出具体建议，从而达到预防和减少生产安全事故的实际效果。

要突出维护职工权益。安全生产事故的发生，不仅会造成财产损失，更会严重侵害职工的生命安全和健康，给受害职工家庭带来严重灾难和无法治愈的创伤。工会维护职工合法权益的基本职责应当体现到事故调查处理的全过程。一个事故的发生，其直接责任者和受害者大多是工会的维权服务对象。工会既要依法维护受害职工的生命健康权益，使他们得到救治赔偿，同时也要依法维护对事故发生负有责任的违纪违规职工的合法权益，使对他们的处理合法合规，责罚得当，不枉不纵。

要注重事故预防。做好事故调查处理工作的一个重要目的，就是要使大家进一步警醒起来，吸取教训，举一反三，堵塞漏洞，排除隐患，防范和减少事故的发生。各级工会要继续深入组织开展“安康杯”竞赛活动，把农民工相对集中的高危行业以及非公有制企业吸引到活动中来，不断扩大竞赛活动的领域和范围。要教育引导职工学习安全生产法律法规，普及安全生产和职业卫生知识，不断提升广大职工的安全技术素质和自我保护能力。要充分发挥职工的主动精神，组织职工立足岗位，“查隐患、堵漏洞、保安全”，使查找自己工作岗位是否存在隐患成为一种职业习惯，使“我要安全”“群防群治”成为一种自觉行为，推动隐患排查工作规范化、制度化、常态化。要把推动班组安全建设作为服务企业发展、落实职工安全健康权益的重要切入点，大力开展“三优创建”活动，加强班组安全建设，夯实安全生产基础。

69 事故调查处理工作流程是什么？

事故调查处理工作流程包括准备阶段、调查阶段、分析阶段、审理阶段和处理阶段五个基本阶段，每个阶段又包括若干调查的基本内容和关键环节，构成一个涵盖事故调查处理全部过程的操作流程，各阶段工作流程及内容如下图所示。

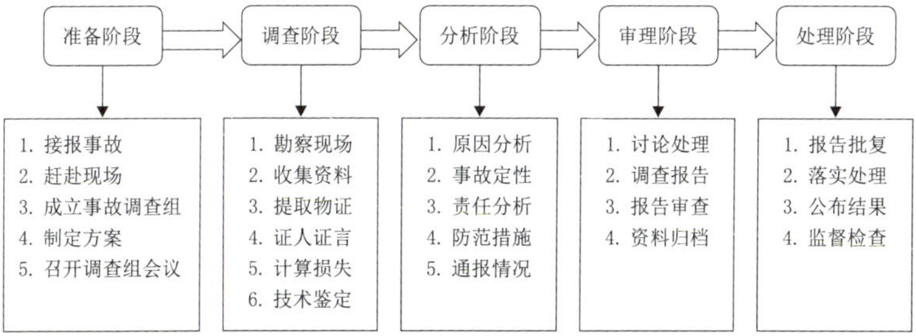

《生产安全事故报告和调查处理条例》规定，特别重大事故由国务院或者国务院授权有关部门组织事故调查组进行调查。重大事故、较大事故、一般事故分别由事故发生地省级人民政府、设区的市级人民政府、县级人民政府负责调查。省级人民政府、设区的市级人民政府、县级人民政府可以直接组织事故调查组进行调查，也可以授权或者委托有关部门组织事故调查组进行调查。未造成人员伤亡的一般事故，县级人民政府也可以委托事故发生单位组织事故调查组进行调查。

事故调查组组长由负责事故调查的人民政府指定。事故调查组组长主持事故调查组的工作。事故调查组履行下列职责：（1）查明事故发生的经过、原因、人员伤亡情况及直接经济损失；（2）认定事故的性质和事故责任；（3）提出对事故责任者的处理建议；（4）总结事故教训，提出防范和整改措施；（5）提交事故调查报告。事故调查组成员应当具有事故调查所需要的知识和专长，并与所调查的事故没有直接利害关系。事故调查组成员在事故调查工作中应当诚信公正、恪尽职守，遵守事故调查组的纪律，保守事故调查的秘密。未经事故调查组组长允许，事故调查组成员不得擅自发布有关事故的信息。

70 事故处理是如何进行责任划分和追究的?

事故的性质一般分为责任事故和非责任事故。对于责任事故，必须以严肃认真的态度对待，要根据事故调查所确认的事实，通过对事故直接原因和间接原因的分析，结合有关单位、有关人员（岗位）的职责和行为，确定事故的直接责任者（指行为与事故的发生有直接关系的人员）和领导责任者（指对事故的发生负有领导责任的人员）。继而根据他们在事故发生过程中的作用，确定事故的主要责任者（指对事故的发生起主导作用的人员）、重要责任者。然后根据事故的后果，事故责任者应负的责任、是否履行职责及认识态度等情况，对事故责任者提出处理意见。

事故责任追究是指生产责任者未履行安全生产有关的法定责任或义务，根据其行为的性质及后果的严重性，追究其行政责任、刑事责任或民事责任。行政责任是指违反有关行政法律、法规的规定，但尚未构成犯罪的行为所依法应当承担的法律后果。行政责任分为行政处分和行政处罚。行政处分的种类包括警告、记过、降级、撤职、开除等；行政处罚主要有以下种类：申诫罚（批评、警告、通报等），财产罚（罚款、没收违法所得、没收非法财务），行为罚（责令停产停业、暂扣或吊销许可证、暂停或取消从业资格等），人身罚（行政拘留）等。刑事责任是依据国家刑事法律规定对犯罪分子追究的法律责任。刑事责任是最严厉的责任，包括犯罪和刑罚。根据我国《刑法》的规定，与安全生产有关的犯罪主要有重大劳动安全事故罪，重大责任事故罪，强令违章冒险作业罪，危险作业罪，不报、谎报安全事故罪，工程重大安全事故罪，消防事故责任罪等。民事责任是指依照《民法典》的有关规定，因生产安全事故造成人员、他人财产损失的，生产事故责任单位和责任人员应当承担赔偿责任。赔偿责任主要包括造成人身和财产损害两方面的责任。

JIAO YU PEI XUN

第六部分

教育培训

71 劳动保护教育培训的目的是什么?

劳动保护教育培训是劳动保护工作的重要组成部分，是事故预防的三项基本对策（“3E”原则：强制管理对策、教育培训对策、工程技术对策）之一，工会应该定期组织、开展劳动保护教育培训。其目的是使广大工会劳动保护干部掌握国家有关劳动安全卫生的法律、法规和政策，正确认识做好工会劳动保护工作的重要性，提高专业水平和维护职工安全健康权益的能力；使广大职工群众熟悉国家有关劳动安全卫生的法律、法规、政策以及企业有关安全生产规章制度，了解自己在安全生产中享有的权利和应履行的义务，不断提高安全素质，做到自觉遵章守纪，最大限度地减少伤亡事故的发生。

72 劳动保护教育培训的作用是什么?

劳动保护教育培训的作用主要包括以下四个方面：

（1）培育和提高广大职工的劳动安全卫生意识与自我保护意识，提高他们的安全生产自觉性和责任心。

（2）帮助职工增强法治观念，了解自己享有的各项劳动安全卫生权利与义务，依法维护自身的合法权益。

（3）提高职工的劳动安全卫生技术技能，包括掌握基本生产技术知识、基本安全技术知识、专业安全技术知识、劳动卫生技术知识、急救和避险知识与技能等。

（4）普及安全管理基础知识，提高职工参与企业安全卫生工作的监督、管理能力。

73 劳动保护教育培训有哪些特点？

劳动保护教育培训不同于一般教育，它具有以下几个特点：

（1）长期性和艰巨性。劳动保护教育培训工作不是一朝一夕就能完成的。由于安全生产形势的严峻性和生产条件的不断变化发展，工会劳动保护干部的政策水平、专业水平以及职工安全素质的提高不可能一蹴而就，加之人员的不断更替，安全生产法制建设不断完善，安全生产新技术、新知识不断出现，决定了劳动保护教育培训的长期性和艰巨性。

（2）广泛性和实践性。在生产经营单位中，任何人员都需要接受劳动保护教育培训，都要把安全放在第一位。因此，进行劳动保护教育培训，必须是全员的、全方位的。劳动保护教育培训的效果要通过实践来检验，因此，必须理论联系实际，根据各地、各单位的实际情况制订相应的培训方案。

（3）专业性和科学性。劳动保护是一门专业性很强的学科，其内容涉及自然科学、社会科学等多门学科。劳动保护教育培训有其自己基本的理论、独特的内容和区别于其他教育的方式方法。

（4）时间性和有效性。在劳动保护教育培训的时间性上，什么时候教育效果最好，也有其内在的规律性。实践证明，在下述时机进行教育，将会达到事半功倍的效果：新从业人员进厂的时候，员工调岗的时候，时令季节变换的时候，逢年过节的时候，员工休假完回单位的时候，员工受伤复工的时候，生产任务下达的时候，重大政策、法规出台的时候，运用新材料、新设备、新工艺、新技术、新产品的时候，作业现场发生险情的时候，员工碰到重大困难的时候，安全检查发现问题的时候，发生工伤事故的时候，进行工作总结评比的时候，等等。

74 劳动保护教育培训的对象和内容是什么？

劳动保护教育培训的对象是各级工会劳动保护干部和广大企业职工。工会可以独立开展劳动保护教育培训，也可以会同行政联合开展此项工作。

对于劳动保护干部培训的主要内容是国家有关劳动安全卫生的法律、法规、标准和政策，工会劳动保护监督检查“三个条例”；劳动安全卫生专业知识，工会工作基本理论和业务知识；重大危险源管理、重大事故防范、应急管理和救援组织以及事故调查处理的有关规定等；职业危害及其预防措施等；国内外先进的安全生产管理经验；典型事故和应急救援预案分析；其他需要培训的内容。

劳动保护教育培训的主要内容是国家有关劳动安全卫生的

法律、法规、标准和政策，企业劳动安全卫生规章制度；职工在企业劳动安全卫生工作中享有的权利和应尽的义务，劳动者应当学习和掌握相关的职业卫生知识，增强职业病防范意识，正确使用、维护职业病防护设备和个人使用的职业病防护用品，发现职业病危害事故隐患应当及时报告；伤亡事故统计、报告及职业危害的调查处理方法；应急管理、应急预案编制以及应急处置的内容和要求；国内外先进的安全生产管理经验；典型事故和应急救援案例分析；其他需要培训的内容。

企业工会除了独立开展职工劳动保护教育培训外，还要监督和协助企业行政进行三级安全教育培训、特种作业人员的培训、岗位安全教育培训等。

75 三级安全教育培训是指什么?

三级安全教育是指厂、车间、班组的安全教育。三级安全教育是我国多年积累、总结并形成的一套行之有效的安全教育培训方法。三级安全教育培训的形式、方法以及考核标准各有侧重。

厂级安全教育培训是入厂教育的一个重要内容，培训重点是生产经营单位安全风险辨识、安全生产管理目标、规章制度、劳动纪律、安全考核奖惩、从业人员的安全生产权利和义务、有关事故案例等。

车间级安全教育培训从工作岗位、工作内容基本确定后进行，由车间一级组织。培训重点是本岗位工作及作业环境范围内的安全风险辨识、评价和控制措施，典型事故案例，岗位安全职责、操作技能及强制性标准，自救互救、急救方法、疏散和现场紧急情况的处理，安全设施、个人防护用品的使用和维护。

班组级安全教育培训是在从业人员工作岗位确定后，由班组组织，班组长、班组技术员、安全员对其进行安全教育培训，除此之外自我学习是重点。我国传统的师傅带徒弟的方式，也是做好班组安全教育培训的一种重要方法。进入班组的新从业人员，都应有具体的跟班学习、实习期，实习期间不得安排单独上岗作业。由于生产经营单位的性质不同，对于学习、实习期，国家没有统一规定，应按照行业的规定或生产经营单位自行确定。实习期满，通过安全规程、业务技能考试合格方可独立上岗作业。班组安全教育培训重点是岗位安全操作规程、岗位之间工作衔接配合、作业过程的安全风险分析方法和控制对策、事故案例等。

76 特种作业人员的培训要求是什么?

特种作业是指容易发生事故，对操作者本人、他人的安全健康及设备设施的安全可能造成重大危害的作业。直接从事特种作业的从业人员称为特种作业人员。特种作业的范围包括电工作业、焊接与热切割作业、高处作业、制冷与空调作业、煤矿安全作业、金属非金属矿山安全作业、石油天然气安全作业、冶金（有色）生产安全作业、危险化学品安全作业、烟花爆竹安全作业、应急管理部认定的其他作业。

特种作业人员必须经专门的安全技术培训并考核合格，取得中华人民共和国特种作业操作证（简称特种作业操作证）后，方可上岗作业。特种作业人员应当接受与其所从事的特种作业相应的安全技术理论培训和实际操作培训。特种作业人员的安全技术培训、考核、发证、复审工作实行统一监管、分级实施、教考分离的原则。特种作业操作证由应急管理部统一式样、标准和编号，有效期为6年，在全国范围内有效，每3年复审1次。

77 岗位安全教育培训主要包括哪些方面?

岗位安全教育培训是指连续在岗位工作的安全教育培训工作，主要包括日常安全教育培训、定期安全考试和专题安全教育培训三个方面。

日常安全教育培训主要以车间、班组为单位组织开展，重点是安全操作规程的学习培训、安全生产规章制度的学习培训、作业岗位安全风险辨识培训、事故案例教育等。日常安全教育培训工作形式多样，内容丰富，根据行业或生产经营单位的特点不同而各具特色。如班前会、班后会制度，“安全日活动”制度。在班前会上，在布置当天工作任务的同时，开展作业前安全风险分析，制定预控措施，明确工作的监护人等。工作结束后，对当天作业的安全情况进行总结分析、点评等。“安全日活动”，即每周必须安排半天的时间统一由班组或车间组织安全学习培训，企业的领导、职能部门的领导及专职安全监督人员深入班组参加活动。

定期安全考试是指生产经营单位组织的定期安全工作规程、规章制度、事故案例的学习和培训，学习培训的方式较为灵活，但考试统一组织。定期安全考试不合格者，应下岗接受培训，考试合格后方可上岗作业。

专题安全教育培训是指针对某一具体问题进行专门的培训工作。专题安全教育培训工作针对性强，效果比较突出。通常开展的内容有“四新”安全教育培训，法律法规及规章制度培训，事故案例培训，安全知识竞赛、技术比武等。

78 劳动保护教育培训的方法有哪些?

根据课程的需要及参训人员的不同，选择不同的培训方法。一般来说，最好选择讲解、交流、与实践相结合的互动式的教学方法，以加强参训者与培训者之间、参训者之间的沟通和了解，增强培训效果。培训方法一般有以下几种。

（1）讲授。这是一种有计划、系统地进行劳动保护教育培训的传统方式，讲授者用通俗易懂的语言向受训者口头讲授相关的培训内容。

（2）多媒体教学。利用计算机将教学内容制成多媒体幻灯片进行辅助教学。

（3）演示。包括利用各种实物或其他直观感性材料，如板报、录像、电视、VCD 等，使受训者获得有关培训内容的感性认识。

（4）参观。组织和指导受训者到生产现场参观学习，加深印象。

（5）讨论。学员根据培训者提出的问题，分组讨论，交流想法，加深对知识的认识和理解。

（6）宣传。将安全生产工作中的好人好事、先进安全技术事故现场及伤亡者的惨状和损失程度等，用图片、照片、实物等集中起来进行展览，进行正反实例对比的宣传教育。

（7）演练。对于一些操作性强的培训内容，如灭火器材的使用，对触电者、溺水者的急救等，有条件时应组织进行演练以提高实际技能。

（8）行为追溯安全培训法。以事故（Accident）—原因（Cause）—培训（Training）的关系链为内核，实现事故案例在安全培训中的系统化应用，减少受训者不安全行为，提升现场作业安全绩效。

79 什么是行为追溯安全培训法？

行为追溯安全培训法（又称 ACT 安全培训法）是通过对事故案例进行分析，追溯组织层面和个体层面导致事故发生的与行为相关的原因，根据原因有针对性地确定安全培训的内容，开发安全培训课程、制定安全培训方案及实施流程，组织开展培训，并通过效果测评完成方案的优化提升，实现培训体系的闭环管理。

行为追溯安全培训法可平衡传统培训方法的低参与性与新技术培训方法的小范围应用性，能够提高培训中员工的互动参与水平，在讨论中加深对知识的记忆与理解，从“要我学习”转变为“我要学习”，适用于各行业员工的安全培训。

行为追溯安全培训法的实施流程主要包括事故收集、原因分析、培训实施三个步骤。

（1）事故收集。采用人工检索、文本挖掘等方法，通过应急管理部网站、各级政府应急管理网站、各行业主管部门网站等获取事故案例的相关信息，然后遵循案例素材真实、案例表述客观、案例内容丰富、案例具有针对性等原则进行筛选，再结合多维场景数据模型分析案例特征，主要包括发生时间、发生地点、所属行业、事故类型、事故等级、作业类型等，归纳分类并构建事故案例资源库，为后续培训实施提供资源支持。

（2）原因分析。利用事故致因“2-4”模型（24Model）开展原因分析，界定事故的范围之后，遵照“不安全动作／不安全物态→个体能力欠缺→安全管理体系欠缺→安全文化欠缺”的事故分析路径，依次挖掘组织范围内的“一次性行为和物态→习惯性行为→运行行为→指导行为”，由表及里依次确定“直接原因→间接原因→根本原因→根源原因”，形成了一套完整的逻辑，通过原因分析形成事故原因库，为确定安全培训内容提供依据。

事故致因“2-4”模型认为事故发生在至少一个社会组织内，是组织根据适用要求规定的、造成确定量损害的意外事件，其原因也在组织之内。它将事故的原因分为因素类和行为类。因素类原因有组织因素和个体因素 2 个大类，每个大类又可分为 2 个小类，共 4 小类因素。每类因素的作用过程都是一种行为，每种行为都以其因素作为载体。因此，行为类原因也可分为 2 个大类和 4 个小类，故曰“2-4”模型。

（3）培训实施。安全培训是一个持续改进、不断完善的过程，因此培训实施主要分为培训计划、培训执行、培训检查、培训改进四个阶段。培训计划阶段需要确定培训对象、目标等，并开展安全培训需求分析，依据前期分析得出的事故原因确定安全培训内容，制定安全培训方案；培训执行阶段，按照培训方案选择合适的培训方式组织开展培训，主要包括课堂知识学习和课外实践训练两个部分；培训检查则需要制定培训效果评估的指标体系，通过问卷调查、培训考核等方式综合评估培训效果；最后根据评估结果进行改进，指导下一循环的安全培训。

80 劳动保护教育培训应注意哪些问题？

劳动保护教育培训工作是一项复杂的系统工程，必须适应市场经济发展的变化，不断更新培训理念，由原来的行政计划方式向满足企业和职工需求的方式转变，由传统的、落后的教学框架和模式向多样化、先进的教学方法转变。在教育培训工作中要特别注意以下几个问题：

（1）培训内容要突出针对性。安全教育的内容广泛，在有限的教学活动里，只能集中精力解决一两个突出问题。面面俱到、眉毛胡子一把抓，是很难取得良好效果的。

（2）培训形式要突出灵活性。安全教育形式要多样化，灵活安排，避免单一形式。要因地制宜，可采取黑板报、幻灯录像、安全知识竞赛等多种形式和渠道进行教育。

（3）事例要突出典型性。安全教育少不了列举事故案例，要注意改变案例只讲远、不讲近、只讲大，不讲小，一个案例讲半天的状况。要根据教育内容，精心选择具有普遍性和代表性、能引起职工警觉的案例。

（4）培训效果要扎实有效。为了使安全工作能扎实有效地开展，就必须结合实际，安全教育工作的内容要实实在在，切忌空话连篇、言之无物，要根据成人教育的特点，采用启发式的教学方法，鼓励学员提问，组织学员讨论，达到事半功倍的效果。

GONG ZUO FANG FA HE ZAI TI

第七部分

工作方法和载体

81 工会劳动保护工作方法和载体主要有哪些？

经过长期的探索和实践，各级工会在开展劳动保护监督检查工作中，创造了很多行之有效的群众性劳动保护监督检查工作方法，提高了工会劳动保护工作的成效和水平。总结推广这些工作方法和载体，有助于进一步提高工会劳动保护工作的整体水平。

工会劳动保护工作方法和载体主要有“安康杯”竞赛活动、工会参与职业病防治工作、工会加强企业安全文化建设、劳动安全卫生专项集体合同、“一法三卡”工作法、事故隐患报告书和限期整改通知书、职代会保安全和职工代表安全巡视、中小企业职业安全卫生防护“工具包”等。

82 什么是“安康杯”竞赛活动？

“安康杯”竞赛活动是由全国总工会、应急管理部和国家卫健委等单位共同开展的一项群众性安全生产活动。“安康杯”是取“安全”和“健康”之意而设立的职业安全卫生工作荣誉奖杯。“安康杯”竞赛，顾名思义，就是把竞争机制、奖励机制、激励机制应用于安全生产和职业病防治活动中的群众性“安全”和“健康”竞赛，它是社会主义劳动竞赛在安全生产和职业卫生领域中的具体实践和延伸。

“安康杯”竞赛活动是20世纪80年代中期由内蒙古包头市总工会等单位发起的，在实践中不断完善并逐步在内蒙古自治区全区推开的群众性安全生产活动。1999年，全国总工会与原国家经贸委对内蒙古自治区开展的“安康杯”竞赛活动进行调研总结，并在进一步完善和充实活动内容的基础上在全国逐步推开。

83 “安康杯”竞赛活动的主要内容有哪些?

“安康杯”竞赛活动是通过竞赛安全卫生管理、领导者的安全生产和职业病防治意识、职工安全卫生知识水平和能力、安全生产和职业卫生各项指标等方式，不断推进企事业单位的劳动安全卫生工作和安全文化建设，全面提高职工安全生产意识和应急处置能力，最终达到降低生产安全事故和职业病发病率的目的。“安康杯”竞赛包括健全的竞赛组织机构、规范的竞赛制度、丰富的群众性安全生产和职业病防治活动等内容。

（1）健全的竞赛组织机构。各级“安康杯”竞赛组委会在组织开展竞赛活动时，要有计划、部署、方案、组织、检查、评比、表彰、奖励。

（2）落实企业安全生产主体责任。企业职业安全卫生管理是“安康杯”竞赛的一项重要内容。按照竞赛考核要求，参赛企业的安全卫生管理机构要健全有专、兼职安全卫生人员并形成网络；将安全生产与职业卫生管理工作纳入企业目标责任制考核；安全卫生规章制度健全工作现场符合安全卫生标准，开展竞赛活动有计划、有方案；个人劳动防护用品和安全设备符合标准，配备齐全等。

（3）开展群众性安全生产和职业病防治活动。全国“安康杯”竞赛组委会每两年确定一个“安康杯”竞赛主题，各参赛单位围绕主题广泛组织开展活动，主要包括以下内容：

①积极开展以“十个一”活动为主要内容的安全文化系列活动。“十个一”活动，即查一起事故隐患、纠正一次违章行为、提一条合理化建议、当一天安全员、做一件预防事故的实事、忆一次事故教训、读一本安全生产的书、接受一次安全生产培训、举办一次安全生产法律法规知识讲座、搞一次安全生产宣传活动。各级竞赛组委会可根据“安康杯”竞赛活动的群众性、竞赛性特点，创新“十个一”活动内容和形式，亦可通过组织职工开展演讲比赛、安全生产知识竞赛、安全技能培训比赛、事故案例教育会、家属座谈会、百日安全无事故竞赛等系列活动，营造“人人讲安全，事事讲安全，时时讲安全”的安全文化氛围。

②大力开展班组安全建设活动。通过班组日常教育、温情教育和警示教育等，在容易发生事故和职业危害严重的岗位、工种、人员中广泛开展安全卫生宣传教育活动，最大限度地减少“三违”现象。组织开展班组安全卫生技能培训、安全生产和职业卫生合理化建议、安全卫生管理优秀成果展示等活动，推进班组安全卫生管理标准化、规范化和科学化。

③广泛组织开展隐患排查活动。组织动员广大职工从本职岗位做起，以自身做起，深入开展“查身边隐患、保职工安康、促企业发展”和“安全隐患随手拍”等群众性隐患排查活动，全面排查消除各类隐患，努力防范和遏制各类事故。建立企业重大隐患治理情况向负有安全生产监督管理职责的部门和企业职代会“双报告”制度，形成自查、自改、自报闭环管理体系，实现安全生产和职业卫生隐患排查治理工作的常态化、制度化、规范化。

④强化职工劳动安全卫生知识培训。深入宣传和贯彻落实《劳动法》《工会法》《安全生产法》《职业病防治法》等相关法律法规和政策文件。加强职工的安全健康知识普及工作，把高危行业、职业病危害因素较重的岗位人群作为重点培训对象，针对不同岗位、不同工种的职工，科学设置培训内容，确保有效提高职工的安全卫生意识和技能水平。结合全国“安全生产月”和《职业病防治法》宣传周等主题活动，广泛开展形式多样的安全生产和职业病防治宣传教育活动。

⑤积极推进企业安全文化建设。以树立安全发展理念，弘扬人民至上、生命至上的思想为核心，以创建安全文化体系、完善安全生产责任制和规范员工操作行为为手段，引导企业营造“人人讲安全、事事重安全、处处保安全”的安全生产环境；把安全文化建设融入企业整体文化建设中，把先进的安全生产理念、科学的安全管理方法、实用的安全操作技能、优秀的安全生产文化送到企业；推动企业通过学习和借鉴国际、国内先进安全管理思想和安全文化理论，加以总结提炼，持续改进；

逐步形成上下齐心、知行合一的安全文化，推动企业安全健康和谐发展。

（4）加强工会劳动保护监督检查。认真贯彻落实工会劳动保护监督检查“三个条例”，健全工会劳动保护监督检查网络，发动广大职工开展群众性劳动保护监督检查，及时发现隐患，报告险情，督促整改。

（5）未发生一般及以上生产安全事故、群体性或产生恶劣影响职业病危害事件，是全国“安康杯”竞赛考核评比的重要内容之一。

84 “安康杯”竞赛活动如何进行表彰？

全国“安康杯”竞赛活动每两年表彰一次，共设置先进集体和优秀个人两个奖项。其中，先进集体包括优胜单位、优胜班组和优秀组织单位。名额分配和表彰名额根据各省（区、市）、全国产业工会、行业协会的企事业参赛规模、职工参赛数量、行业地域差异、竞赛活动质量和效果等因素，经全国“安康杯”竞赛组委会成员单位研究确定。

表彰对象应自下而上、层层选拔产生，评选工作严格执行“两审两公示”程序，即实行初审、复审及省级、产业工会、协会和全国两级公示。初审由省级“安康杯”竞赛组委会负责审核，复审由全国“安康杯”竞赛组委会成员单位组成的复审小组进行审核。

全国“安康杯”竞赛活动优胜单位、优胜班组不重复授予，优秀组织单位、优秀个人可重复授予。已获得过优胜单位优胜班组的单位，要继续参加竞赛活动，经考核评定为优秀的继续保持荣誉，未继续参加竞赛活动或考核不达标的，取消其荣誉称号。

85 如何进一步深化全国“安康杯”竞赛活动?

为主动适应新时代对安全生产和职业健康工作提出的新要求，进一步推动“安康杯”竞赛活动的深入开展，主要采取以下四个方面的具体措施。

（1）突出竞赛活动重点。各级竞赛组委会和参赛单位要制定切实可行的“安康杯”竞赛活动推进规划，着重围绕安全生产和职业病防治教育培训，提升职工安全技能和职业病防护水平；围绕企业安全健康文化建设，引导企业营造人人讲安全健康、事事重安全健康、处处保安全健康的安全生产环境；围绕隐患排查治理活动，构筑群防群治安全生产防线；强化职业健康文化建设，扎实开展职业病危害治理；围绕班组安全建设，引导企业进一步夯实安全生产和职业病防治基础；围绕推动落实企业全员安全生产和职业病防治责任制，建立“层层负责、人人有责、各负其责”的工作体系通过竞赛活动，把安全生产和职业病防治的各项措施落实到每个岗位、每名职工，营造健康和谐的安全生产环境，形成人人重安全和职业健康、人人懂安全和职业健康、人人抓安全和职业健康的良好局面。

（2）丰富竞赛形式和内容。各级竞赛组委会和参赛单位要围绕竞赛主题，进一步丰富和创新竞赛活动，做到既与时俱进又适应企业发展需要，既围绕大局又贴近实际，既体现行业特色又突出区域特点。要把“安康杯”竞赛与劳动和技能竞赛、工会劳动保护等工作有机融合，通过技术培训技能比武、岗位练兵、应急演练等活动，全面提升职工安全防护和职业病防治的意识和技能，着力提高竞赛的质量和效果。要充分吸收职工的意见建议和需求，采取职工喜闻乐见的形式，将竞赛活动变为职工的自觉行动，鼓励并激发广大职工自觉学习安全生产和职业病防治知识，掌握自我防护和自救互救技能。

（3）扩大竞赛活动覆盖面。各级竞赛组委会要结合实际，继续推广城市、乡镇、街道、社区和工业园区试点经验吸引更多企业和职工参加到竞赛活动中来，进一步扩大活动覆盖面。把煤矿、建筑、交通、石油、化工、电力等高危行业和非公中小企业以及设备、技术、工艺落后的企业作为重点领域，把一线职工、农民工、重体力劳动职工等群体作为重点对象。

（4）加大竞赛宣传力度。充分发挥主流媒体的权威性和新媒体的便捷性，将竞赛宣传与安全生产和职业病防治相关法律法规的宣传结合起来，与“安全生产月”、《职业病防治法》宣传周等活动结合起来，多角度、全方位向广大职工进行宣传，建设健康向上的安全和职业健康文化，培养职工安全防护、职业病防治意识和职业习惯，真正用深厚的安全健康文化铸起安康盾牌。

86 平等协商、集体合同和劳动安全卫生专项集体合同的概念是什么?

平等协商是指用人单位与本单位职工（或者工会代表职工与企业代表组织之间）就有关签订集体合同或专项集体合同以及确定相关事宜而进行的商谈交涉行为。

集体合同是指用人单位与本单位职工（或者工会代表职工与企业代表组织之间）根据法律、法规、规章的规定，就劳动报酬、工作时间、休息休假、劳动安全卫生、保险福利等事项，通过平等协商签订的书面协议。

劳动安全卫生专项集体合同是指用人单位与本单位职工（或者工会代表职工与企业代表组织之间）根据法律、法规、规章的规定，通过就劳动安全卫生方面的内容进行集体协商而签订的专项书面协议。

87 平等协商和签订劳动安全卫生专项集体合同应遵循的原则是什么?

（1）法治原则。法治原则要贯穿于劳动安全卫生专项集体合同协商签订的全过程，其协商内容、协商过程、签订程序必须合法。只有遵循法治原则，合同才具有法律效力，对用人单位和职工才具有法律约束，当发生争议时，劳动关系双方应保持理智克制的态度并努力通过法律途径予以解决。

（2）平等原则。互相尊重、平等协商是签订劳动安全卫生专项集体合同的基本前提，劳动关系双方依法享有平等的地位和利益主张。在合同协商签订过程中，要真实反映双方的意愿，充分考虑和认真对待对方的关切，公平合作，消除分歧，达成共识，使签订的专项集体合同得到切实履行。

（3）共赢原则。协商签订劳动安全卫生专项集体合同要兼顾劳动关系双方的合法权益，在统筹双方利益的基础上，把职工的合理要求与用人单位的实际情况结合起来，既要保证职工的权益不受侵害，也要防止不切实际的过高要求，保证双方共同受益，实现互利共赢的目标。

88 劳动安全卫生专项集体合同主要包括哪些内容？

劳动安全卫生专项集体合同内容主要包括劳动安全卫生组织机构和规章制度建设；劳动安全卫生责任；劳动条件（包括职业危害告知）、防护措施和安全投入；安全技术规程；劳动安全卫生教育培训制度；劳动保护用品的发放、维护和使用标准；定期健康检查和职业健康监护；事故应急救援；女职工和未成年工的特殊保护；休息和休假；群众监督；合同的变更解除和终止条款；履约监督和违约责任；集体合同争议处理的条款；双方首席代表签字；人力资源和社会保障部门的审查意见；合同生效日期、有效期限；向全体人员公布及方式等。

89 劳动安全卫生专项集体合同的签订程序有哪些?

劳动安全卫生专项集体合同的签订应遵循以下程序:

职工代表大会审议通过劳动安全卫生专项集体合同草案。职代会审议中要把握的几个原则:(1)合法的原则。审查合同内容是否符合国家和地方法律法规和有关政策规定,不能与之相抵触。审查协商过程以及协商形式是否合法。(2)充分体现职工意愿的原则。合同必须真正代表多数职工正当的具体利益要求。不能无视职工应当享有的合法权益,不能迫使职工接受企业方提出的单边条件。(3)坚持双赢目标的原则。职代会审议合同时不仅要考虑职工的利益,同时也要兼顾国家、企业其他方面的利益,正确对待各方面的利益关系,把职工的合理要求和企业的实际承受能力结合起来,使双方在协商过程中共同受益。

职代会审议的程序。工会在组织职工代表审议集体合同草案时应按照以下程序进行:(1)审议前的准备工作。工会要在职代会前一周将劳动安全卫生专项集体合同草案发到全体职工代表手中,使之提前熟悉和研究合同草案的内容,并听取所在单位职工的意见,事先准备好修改意见。(2)向职代会报告。说明劳动安全卫生专项集体合同的产生过程,合同草案的内容及其制定的依据,进行协商的情况。(3)组织职工代表讨论。请职工代表进一步修改和完善劳动安全卫生专项集体合同案。(4)职代会表决通过。在审议合同草案的基础上,职代会以无记名投票方式对劳动安全卫生专项集体合同草案进行表决。职代会应当有三分之二以上的职工代表或者职工出席，且须经全体职工代表半数以上或者全体职工半数以上同意，劳动安全卫生专项集体合同草案方获通过。

劳动安全卫生专项集体合同的签字、备案和公布。劳动安全卫生专项集体合同的签字、备案和公布必须履行法定程序，具体包括：（1）劳动安全卫生专项集体合同草案经职代会表决通过后，工会主席代表职工与企业方的首席代表在劳动安全卫生专项集体合同文本上签字。（2）自签字之日起 10 日内，工会方要积极协助企业方将劳动安全卫生专项集体合同文本一式三份报送劳动保障行政部门，尤其对合同签约主体资格、合同内容、签订程序进行合法性的审查备案，在 15 日内未提出异议的即行生效。如果劳动保障行政部门提出异议，工会方要积极会同企业方按照协商和签约的程序规定，对异议部分依法进行修改后重新报送劳动保障行政部门审查备案。（3）从劳动安全卫生专项集体合同生效之日起，工会应当以适当的形式向全体职工公布，让每个职工熟知其中的内容行使好自己的权利，履行好自己的义务。

90 如何进行劳动安全卫生专项集体合同的监督检查？

开展平等协商、签订和履行劳动安全卫生专项集体合同是个有机整体，集体合同的监督检查要贯穿于集体合同工作的整个过程。

监督检查的内容包括合同签订过程中的监督检查和合同履行过程中的监督检查。重点是检查签订集体合同的情况，强化履约监督，追究违约责任。监督检查可分为企业内部的监督检查和外部的监督检查，两者主体不同。企业内部的监督检查主体是企业行政、工会和职工。企业外部的监督检查主体是政府的劳动保障部门，以及与之相应的劳动法律执法检查和集体合同监督检查组织。应建立健全监督检查组织制度和工作制度、履约责任制；整改反馈制、责任追究制等。每年应至少进行一次专门的劳动安全卫生专项集体合同的履约检查，每年向职代会报告合同履约情况。

91 “职代会保安全”的主要途径是什么?

我国许多企业的职代会制度比较健全，运行机制日益完善，作用发挥越来越突出。职代会保安全机制，就是通过参加职代会的各项工作和活动，使职工群众自我宣传、自我教育、自我控制，实现“要我安全”向“我要安全”转变。“职代会保安全”的主要途径包括以下几项：

职代会通过审议企业安全生产目标和安全生产工作计划，并通过征集职工代表提案等，发挥源头参与作用；通过行使审查同意或否决权，在企业制定安全生产重要规章制度和措施上发挥民主决策作用；通过对企业执行有关安全生产方针、政策、法律、法规、决议、措施的情况进行检查，发挥群众监督作用。

92 “职代会保安全”的主要做法有哪些?

建立组织，形成网络。在各级职代会都设立安全生产或生产经营专门委员会，负责职代会有关安全生产的日常工作。委员会成员除职工代表外，还要吸收具有较高政策水平和业务专长的专业人员参加，以不断提高专委会的专业水平和工作质量。职代会工作网络的健全为充分发挥其作用打下组织基础。

健全制度，完善机制。各级工会狠抓职代会制度建设和运行机制的完善，分别制定完善了职代会实施细则，充实内容，规范程序；通过重大事项时，改举手表决为无记名投票表决，改进了表决方式；推行职工代表对职代会质量评估制度和职工代表在选区述职制度，提高了代表的素质和责任感；完善了职代会闭会期间的职工代表团组长联席会议制度，加大职工代表在决策中的参与力度；完善监督检查制度，从源头上保证职工的参与权、管理权、决策权和监督权的落实。

行使职权，发挥作用。一是行使审议建议权，发挥源头参与作用。职代会具有对安全生产目标、工作计划的审议建议权。职代会审议行政领导工作报告，特别是对报告中安全生产目标、措施进行重点审议，提出意见和建议。征集职工代表提案，是职代会行使建议权的重要方面。职代会召开前，通过多种形式发动职工代表针对安全生产中存在的问题提出提案；提案工作委员会认真做好提案的审查立案和汇总工作。职代会认真研究讨论本单位安全生产和重大隐患整改项目，推动消除重大隐患。二是行使审查同意或否决权，发挥民主决策作用。职代会对行政提交的有关安全生产、劳动保护的规章制度和措施进行认真审议并表决，凡通过的颁布实施，被否决的不能实施。三是行使民主监督职权，发挥群众监督作用。充分发挥职工代表和民主管理网络的作用，实行职工代表巡视等制度，帮助广大职工通过法定渠道进行安全生产日常监督。职代会闭会期间，认真组织职工代表开展安全巡视检查活动，并形成制度。

93 什么是职工代表安全巡视制度?

职工代表安全巡视制度是职工代表按照职代会赋予的民主管理权力对企业安全生产日常管理进行监督的一项工作制度，是企业职工代表开展民主管理活动的一种有效方式。该项制度的制定实施，对于充分发挥职工代表在安全生产工作中的民主监督作用，有效促进各级组织、各级领导落实安全生产职责，切实维护职工在生产工作中的健康安全，起到积极有效的促进作用。

职工代表安全巡视活动一般由企业工会或职工代表大会劳动保护专门委员会组织部分职工代表参与实施，职工代表安全巡视活动应当每季度进行一次。职工代表巡视检查的方法是采取听、看、查、议、评。要广泛听取广大职工群众的意见和被检单位主要负责人的汇报；查看有关资料，对所听、看、查的情况进行认真评议，总结经验，提出问题，限期整改。职工代表巡视检查的步骤包括调查摸底、制订方案、选派代表、开好预备会、巡视检查、评议阶段、意见反馈、总结通报。

94 职工代表安全巡视活动的主要内容有哪些?

职工代表安全巡视活动的主要内容包括：

（1）检查职代会有关劳动保护决议和决定的贯彻落实情况。

（2）检查企业劳动保护，职业安全卫生各项计划、规划、规章制度的执行情况。

（3）检查企业集体合同关于劳动保护有关条款的履行情况。

（4）收集职工对本单位安全生产、职业卫生、劳动保护等方面的意见和建议。

（5）针对企业安全生产存在的问题及隐患，对作业现场进行抽查或专项检查。

95 职工代表安全巡视活动应注意哪些方面?

为保证职工代表安全巡视的效果，应当注意以下几点：

（1）做好巡视前的准备工作。一是事前应下发通知，向各单位告知此次安全巡视的主要内容。二是对被抽调的职工代表进行集中培训，使其有针对性地掌握安全检查的方式方法。三是由企业行政领导人向参加安全巡视的职工代表授权，使其具有现场处置的权力。

（2）突出安全巡视的重点。一是安全巡视的对象以领导干部为主，主要包括领导干部的安全意识、安全责任制的落实、日常管理和对职工进行安全教育等情况。二是安全巡视方法以随机抽查为主。检查时，职工代表不能只看被检单位指定的车间、班组的作业场所，而要重点检查容易存在事故隐患和容易在日常管理中被忽视的作业场所。

（3）发挥安全巡视的作用。职工代表安全巡视结束后，应及时向企业领导人汇报检查情况。企业领导人及有关部门对职工代表安全巡视提出的问题、意见及建议应认真研究并提出具体的解决方案。工会应跟踪和督促企业落实整改措施，必要时进行“回头看”式的检查。

96 “两书”的主要内容是什么？

事故隐患报告书和限期整改通知书是按照全国总工会关于事故隐患建档跟踪整改工作的要求，制定的《事故隐患报告书》《事故隐患限期整改通知书》，即“两书”工作制度。推动企业、班组运用“两书”，对安全事故隐患和职业病危害因素进行报告、建档、跟踪、监督、整改，对于把安全生产工作真正纳入“预防为主”的轨道，大力促进企业安全生产，保护职工的安全和健康，能够发挥有效的作用。

《事故隐患报告书》由工会小组劳动保护检查员或职工群众提出。对职工提出的职业病危害和事故隐患报告，由车间工会劳动保护监督检查委员会进行整理、复查、建档并报行政，由行政对提出的隐患进行答复。车间解决不了的隐患，由车间再报至厂工会，由厂工会提交厂行政解决，必要时采用《事故隐患限期整改通知书》交厂行政，由厂领导人作出答复。

97 使用“两书”的好处有哪些?

由于对发现的事故隐患建立了档案，而且对能够解决的问题及时督促有关方面进行解决，对确有困难一时不能解决的隐患采取临时措施，并提出意见纳入企业整改治理计划，而企业工会又对这些隐患进行跟踪监督并督促有关部门解决，因此使用“两书”，一是可以使隐患有了记载，便于工会跟踪监督整改；二是可以促使行政负责人加快解决速度，使职工群众监督具有权威性和严肃性。使用“两书”，有助于消除事故隐患，保护职工安全，避免企业损失。

98 如何确保“两书”制度有效落实?

通过确立以下制度，可以确保事故隐患报告书和限期整改通知书制度的有效落实：

（1）各级工会主管主席负责制。工会主管主席负责制的建立对于落实群众监督极为重要。只有各级工会主管主席把群众劳动保护监督检查放在重要位置，做到亲自抓、亲自过问、亲自参加，才能使这项工作开展得深入扎实。

（2）行政负责人签字认可制度。行政负责人签字认可制度是企业行政及其安技部门对职工提出并消除事故隐患的认证，是对职工提出事故隐患报告的质量及产生的积极效果给予的认可。行政负责人认可签字，说明群众监督起到了帮助企业稳定安全生产的作用。反之，职工没有将隐患提到“点”上，行政就不会重视，群众监督的作用就难以体现。

（3）奖励制度。对于发现一般事故隐患的职工，给予一次性奖励；对于消除重大事故隐患有功的职工给予重奖；对于发现并消除重大事故隐患的职工给予晋升工资等奖励。这样可以充分调动职工参与排查和消除隐患的积极性，促使广大职工参与企业安全生产和职业病防治工作，有助于提高活动的吸引力。

99 “三同时”的内容是什么？

“三同时”是指新建、改建、扩建生产性建设工程项目的劳动安全卫生设施必须与主体工程同时设计、同时施工、同时投产。工会依法对“三同时”进行监督，主要是监督新建工程项目的劳动安全卫生设施是否齐全，作业条件是否符合国家相关标准，以防止新建、改建、扩建生产性建设工程项目产生新的隐患，避免历史遗留隐患未消除又产生新的隐患，从而保障职工在生产过程中具有最基本的安全生产条件。

“三同时”的一般性法律规定：

《劳动法》第五十三条第二款规定，新建、改建、扩建工程的劳动安全卫生设施必须与主体工程同时设计、同时施工、同时投入生产和使用。《安全生产法》第三十一条规定，生产经营单位新建、改建、扩建工程项目（以下统称建设项目）的安全设施，必须与主体工程同时设计、同时施工、同时投入生产和使用。安全设施投资应当纳入建设项目概算。《职业病防治法》第十八条第一款规定，建设项目的职业病防护设施所需费用应当纳入建设项目工程预算，并与主体工程同时设计，同时施工，同时投入生产和使用。《工会法》第二十四条规定，工会依照国家规定对新建、扩建企业和技术改造工程中的劳动条件和安全卫生设施与主体工程同时设计、同时施工、同时投产使用进行监督。《安全生产法》第六十条第一款规定，工会有权对建设项目的安全设施与主体工程同时设计、同时施工、同时投入生产和使用进行监督，提出意见。

100 什么是“一法三卡”？

“一法三卡”是指在工会劳动保护监督检查工作中采用的事故隐患和职业危害监控法及安全检查提示卡、有毒有害化学物质信息卡、危险源点警示卡。事故隐患和职业危害监控法是指在生产（工作）区域内对事故隐患和职业危害作业点采取排查、评估、建档、立卡等措施，建立监督控制体系，促进隐患整改的群众性劳动保护方法。有毒有害化学物质信息卡主要运用于化工行业，包括事故隐患作业点名称、危险等级、易发生事故种类、防护措施、监控要求、紧急预案、责任人、检查周期等内容的提示卡。危险源点警示卡则指通过在危险区域或岗位挂牌，提示存在的危险，让员工提高警惕。安全检查提示卡是一种作业现场安全检查主要内容的提示卡，具有较强的针对性、实用性和操作性，解决了工会在企业安全检查中“查什么、怎么查”的问题。

“一法三卡”是江苏省总工会多年探索总结出来的维护职工安全健康合法权益的好方法，自 2003 年由全国总工会开始推广。

101 “一法三卡”的意义是什么？

“一法三卡”的核心，就是注重对事故隐患和职业危害的提示检查、危险警示和信息告知，最终实现重点监控，并针对存在的问题，采取及时有效的预防措施，改变以往亡羊补牢式的安全监督管理手段，促进并加强安全监督管理，是“安全第一，预防为主，综合治理”的安全生产方针在工会劳动保护工作中的具体应用和实践。

“一法三卡”在推行中重视职工的全员参与，重视危害的分级与管理，重视危害因素的警示告知，重视事故隐患的跟踪与监督。旨在通过一种简便易行的方式，解决企业安全及职业卫生检查中，查什么、怎么查的问题。使每位职工都能清楚本岗位存在哪些隐患和职业危害，清楚如何预防事故发生，清楚一旦发生事故应当怎样进行紧急处置等。因此“一法三卡”既是企业建立职业安全卫生管理体系的核心和基石，也是安全生产专业管理和群众监督的有效结合点，具有群众性、规范化、标准化、参与性、创新性的特点。

102 实施事故隐患和职业病危害监控法的主要步骤包括哪些?

实施事故隐患和职业病危害监控法主要包括以下步骤：

（1）排查。组织发动职工从人、机器、环境、管理等几个方面入手，深入地对生产作业场所与岗位的事故隐患和职业病危害进行全面系统的排查和整理。

（2）确认。对排查出来的各种不安全因素进行辨识、确认。确认事故隐患和职业病危害作业点的依据主要包括 10 个方面的内容：易燃、易爆、易发生火灾危险的场所，有触电伤害危险的场所，有中毒和窒息危险的场所，有人员高空坠落危险的场所，有机具、物件挂、绞、碾、碰、挤、压、切、撞、割、刺危险的场所，有灼烫、透水、淹溺、坍塌危险的场所，有落物、崩块伤人危险的场所，粉尘超标和环境污染的场所，存在噪声、低温、高温、振动、辐射、生物毒性危害危险的场所，其他容易致人伤害、发生事故频率较高的作业场所。

（3）评估。由企业工会劳动保护监督检查委员会组织，由工会劳动保护监督检查员或专职干部、企业安全技术干部和技术工人等组成的评估小组对确认的事故隐患和职业病危害作业点逐个进行定性、定量评估，确定其危险等级。确定危险等级的依据主要包括事故发生的可能性大小；若发生事故，可能造成职工伤亡的数量和职业病危害的严重程度；财产损失的大小。由此可以把事故隐患和职业病危害作业点分为以下三个等级：

班组级（C 级）：发生事故的概率较小，若发生事故，职工伤害程度较轻，或对人体健康造成影响较小，财产损失少。

车间级或分厂级（B 级）：发生事故的概率较大，若发生事故，易发生多人伤害，造成死亡事故，或易造成慢性中毒，财产损失较大。

企业级（A 级）：发生事故的概率很高，若发生事故，易发生群死群伤事故，或可能发生多人急性中毒事故，造成重大财产损失。

（4）登记建档、立卡。凡列为事故隐患和职业病危害作业点的，均进行登记，建立相应的档案，并统一制作醒目的标志牌挂在作业现场，即“事故隐患和职业病危害监控卡（警示卡）”。监控卡的主要内容包括事故隐患作业点名称、危险等级、易发事故种类、防护措施、监控要求、紧急预案、责任人、检查周期等。企业还可以配套制作事故隐患和职业病危害作业点分布网络图，把一个企业或一个车间内的危险源的位置在图上标示出来，一目了然，便于进行监控管理。

（5）日常管理。由企业工会劳动保护监督检查委员会建立台账档案，一个作业点设置一本台账。按照“事故隐患和职业病危害作业点”的危险等级，根据实际情况，明确管理权限和责任人。例如，C级点以班组长为第一责任人，B级点以车间主要领导人为第一责任人，A级点以企业主要领导人为第一责任人。

（6）实行动态管理。无论是原有的监控点危险等级降低，还是出现新的危险源，都要及时进行调整，使危险作业点始终处于有效的监控之中。

通过实施事故隐患和职业病危害监控法，发动和组织职工群众查找企业、车间、班组的危险源点，对事故隐患和职业病危害进行监督、控制，将隐患和职业病危害纳入整改治理的内容，逐步消除事故隐患和职业病危害，提高职工安全意识，防范事故发生，改善作业环境和劳动条件。

103 有毒有害化学物质信息卡有什么作用?

有毒有害化学物质信息卡，国际上一般称作化学品安全信息卡，简称MSDS（Material Safety Data Sheet），在《作业场所安全使用化学品公约》中，也称作化学品安全技术说明书（CSDS），是化学品生产商和进口商用来阐明化学品的理化特性（如pH值、闪点、易燃度、反应活性等）以及对使用者的健康可能产生危害（如致癌、致畸等）的文件。有毒有害化学物质信息卡的内容，包括危险化学品的燃、爆性能，毒性和环境危害，以及安全使用、泄漏应急救护处置、主要理化参数、法律法规等方面的信息，还简要说明了化学品对人类健康和环境的危害性并提供如何安全搬运、贮存和使用该化学品的信息。因此，它是传递化学品危害信息的重要综合性文件。

有毒有害化学物质信息卡主要作用体现在以下方面：

（1）提供有关化学品的危害信息，保护化学产品使用者。

（2）确保安全操作，为制定危险化学品安全操作规程提供技术信息。

（3）提供有助于紧急救助和事故应急处理的技术信息。

（4）指导化学品的安全生产、安全流通和安全使用。

（5）是化学品登记管理的重要基础和信息来源。

104 危险源点警示卡有什么作用？

危险源点警示卡，是运用现代系统安全的理论和方法，对生产（工作）场所、作业岗位的危险源（点）进行自下而上的排查、辨识和评价，并实施挂牌监控的方法。危险源点警示卡的作用主要有：

（1）警示作用。在危险区域或岗位挂牌，提示存在的危险，并辅之相应的宣传教育，让职工在工作时提高注意力。

（2）监控作用。通过对事故和职业病危害作业点的挂牌，标明主要危害以及危害程度、主要控制措施、监控责任人和检查周期等内容，提示坚持做好日常管理，加强对事故的隐患和职业病危害实施切实有效的监督和控制，防止事故的发生。

（3）管理作用。通过对每一个危险源点的警示与监控，促进企业对隐患的整改，完善和提高企业安全生产的管理水平。

105 什么是“1+3”安全监控工作体系？

“1+3”安全监控工作体系，是一个方法和三种机制的集成。一个方法，即事故隐患和职业危害监控法，是运用现代安全管理的理论、方法，对生产（工作）场所、作业岗位的危险源（点）、事故隐患和职业危害因素进行自下而上的排查、辨识、评价分级、建档立卡，建立监督控制体系，强化群众性劳动保护和企业安全生产管理。三种机制，即事故隐患和职业危害动态管理机制、事故隐患和职业危害持续改进机制、事故隐患和职业危害系统评价机制。

“1+3”安全监控工作体系把握住了“一法三卡”中的“一法”，并将机制进一步完善。在“1+3”安全监控工作体系中，推行事故隐患和职业危害监控法，将安全生产的关口前移、重心下移，落实企业负责和职工全员参与，把各类事故和职业危害隐患置于在控、可控状态，预防隐患转化为事故。推行三种机制，为“监控法”有效实施、可靠运转提供了体制和机制的保证。

江苏省淮安市总工会结合实际，发展创新“1+3”安全监控工作体系。2009 年 12 月，原国家安全监管总局和全国总工会联合发出通知，要求在全国大力推广淮安经验，在规模以上企业普遍建立“1+3”安全监控工作体系，这对于深入贯彻落实科学发展观，进一步落实“安全第一、预防为主、综合治理”的方针，落实企业安全生产主体责任，夯实企业安全生产基础，遏制重特大生产安全事故，促进全国安全生产形势持续稳定好转，实现安全发展具有重要意义。

106 什么是工会“主动参与”？

“主动参与”的基本内涵是查找隐患、平等协商、签订协议、跟踪落实、持续改进。查找隐患就是发动职工及时查找事故隐患；平等协商就是企业方、职工方（工会）双方就重大事故隐患及安全生产工作重大问题，进行各种形式的平等协商；签订协议就是将平等协商后形成的一致意见，形成书面记录，使之文件化、契约化；跟踪落实就是对隐患整改情况进行验收，对协议履约情况进行监督；持续改进就是查找隐患、平等协商、签订协议、跟踪落实 4 个环节螺旋式循环运行，及时发现和解决安全生产问题，建立动态、长效的职工安全健康维权机制。“主动参与”的基本内容是有机的整体，其中查找隐患是基础，平等协商是核心，签订协议是保证，跟踪落实是关键，持续改进是目的。此外，需要建立企业职业安全卫生联合委员会，这是“主动参与”的组织保证和工作平台。

“主动参与”的目的是建立“参与—协商—监督”的企业工会劳动保护工作模式，推动企业建立自我约束、自我完善的安全卫生工作机制。其关键是工会推动、职工行动、劳资互动，核心是实现企业安全工作的平等协商、共议共决，实质是安全生产工作中坚持以人为本。

浙江省总工会提出并试行的“企业工会主动参与职业安全卫生”，构建起企业工会“主动参与”劳动保护工作新模式，是我国工会组织在如何做好职业安全卫生工作方面进行的一项较为成功的探索与实践。2007 年，全国总工会逐步向全国推广浙江经验。

107 什么是职业安全卫生防护“工具包”？

国际劳工组织（ILO）与国际工效学学会合作，在收集和整理世界各地应用工效学原理改善工作环境、提高生产效率、预防控制职业危害的实践经验的基础上，总结提炼形成涵盖九大类 132 项问题解决方案的《工效学检查要点》，也称为职业安全卫生防护“工具包”。职业安全卫生防护“工具包”已经在发达国家和发展中国家得到广泛应用，为帮助中小企业减少工作场所生产安全事故和工作相关疾病隐患，保护劳动者安全健康，取得了显著成效。

2009 年在北京召开的第 17 届国际工效学大会上，国际劳工组织发布了《工效学检查要点（第 2 版）》，后由中国疾病预防控制中心职业卫生与中毒控制所张敏研究员进行翻译和引进。从 2013 年起，全国总工会原劳动保护部利用 3 年时间，与中国疾病预防控制中心职业卫生所联合开展“工会对国际劳工组织职业安全卫生防护工具包适用性研究与推广应用”的项目。辽宁省是首批推广应用国际劳工组织中小企业职业安全卫生防护“工具包”试点省份。借鉴国际经验，引进先进方法，为工会推动解决我国中小企业的职业安全卫生问题提供科学、有效的工作手段，促进中小企业的可持续发展，保护职工特别是中小企业职工的职业安全健康，是中华全国总工会致力于推广应用国际劳工组织职业安全卫生防护“工具包”的初衷和目标，也是工会组织为职工服务、为企业服务的具体举措。

108 职业安全卫生防护“工具包”涵盖哪些内容及应用方法?

职业安全卫生防护“工具包”旨在为企业特别是中小型企业提供实用的、低成本的解决工效学问题方案，涵盖了企业工作场所中存在的物料储存和处理、手持工具、机械安全、工作台设计、照明、厂房、有害物质和有害因素、辅助（福利）设施、工作组织九大类工效学方面主要问题和 132 项相应的干预措施。每个配有插图的检查要点都指明一个行动措施，阐明了采取该行动的必要性以及如何实施改进行动，并提供了更多提示及要点谨记。这些措施不依赖于高成本或高端复杂的解决方案，而是强调运用灵活和可操作性的方法改善工作条件、提高劳动生产效率。

132项工效学检查要点有4种主要应用方法：（1）工作场所应用所选取的检查要点；（2）设计适合各地的、方便使用的检查表；（3）绘制方便使用的信息卡；（4）组织培训研讨会，讨论如何制订和实施工作场所立即整改计划。

如应用职业安全卫生防护“工具包”设计一份因地制宜的检查表的小组集体工作流程：（1）对需要立即改进的主要方面达成一致意见（学习当地的良好实践）。（2）选择一定数目（30～50项）的检查要点标号及题目（每个方面只选几项要点）。（3）对草拟的检查表进行验证，形成一份因地制宜的精简检查表（重点是选用低成本的要点）。（4）将与检查要点对应的改进方法进行汇编，作为与检查表相配套的操作手册（作为使用者的参考资料）。（5）管理人员／劳动者使用为小组工作设计的检查表及其配套的操作手册。

109 什么是职工安全文化？

职工安全文化是安全文化和职工文化的重要组成部分，是尊重职工生命、保护职工安康、实现职工价值的文化，体现为企业和职工对安全的态度、思维及采取的行为方式。

职工安全文化建设的指导思想：以习近平新时代中国特色社会主义思想为指导，全面学习贯彻党的二十大精神，深入学习贯彻习近平总书记关于工人阶级和工会工作的重要论述、关于安全生产重要论述，落实党中央、国务院的各项决策部署，牢固树立安全发展理念，坚持“安全第一、预防为主”，坚持全心全意依靠工人阶级的方针，以社会主义核心价值观为引领，以更好服务职工、满足职工安全文化需求为中心，以强化主人翁意识为关键，积极推进职工安全文化建设，为经济社会高质量发展提供有力的思想保证、舆论支持和精神动力，以新安全格局保障新发展格局，推动实现高质量发展。

110 职工安全文化建设的基本原则有哪些？

坚持党的领导。各级工会党组织要切实担负起政治责任，加强对职工安全文化建设的政治领导、思想领导、组织领导。

以职工为中心。以尊重职工、爱护职工、维护职工生命安全和身体健康为根本出发点，推动企业积极培育职工认可的安全理念、安全价值观和安全行为规范，实现人人学安全、懂安全、保安全。

紧扣企业发展。把职工安全文化建设与当地经济社会发展、企业生产经营结合起来，贴近企业、贴近职工，调动广大职工参与安全文化建设的积极性和主动性，筑牢企业安全生产的群众基础，构建安全文化和企业发展相互促进的良好态势。

秉持共建共享。积极与同级党委、政府职能部门、企业联合会、安全生产协会、社会机构、专业文化团体沟通协调、密切配合，推动建立党委领导、行政支持、工会运作、职工参与的职工安全文化工作机制，形成“人人参与、人人建设、人人享有”的安全文化氛围。

持续深化创新。职工安全文化建设要随着经济社会发展和企业生产经营条件的变化，在实际工作中不断总结经验，调整改进，创新工作内容、形式和方法。

经过持续努力，企业安全生产氛围进一步营造，职工安全文化建设水平进一步提升，企业全员安全生产责任制进一步落实。职工的安全意识和安全技能进一步增强，自我保护能力明显提升，基本实现从“要我安全”到“我要安全”“我会安全”“我能安全”的转变。

111 工会如何督促企业落实职工安全文化建设主体责任？

弘扬安全文化理念。各级工会要大力弘扬“人民至上、生命至上”“统筹发展与安全”“安全是发展的前提，发展是安全的保障”“发展绝不能以牺牲安全为代价”“安全第一、预防为主”等安全文化理念，推动企业结合行业特点和企业文化传统，在企业职工中广泛征集富有特色、导向正确、职工认同的职工安全文化理念（包括安全核心价值观、安全愿景、安全使命、安全目标、安全口号等），并通过举办培训班、论坛、研讨会、演讲比赛等方式梳理提炼后，在报刊、宣传栏、网络等平台上予以具体化、可视化、形象化呈现，让企业决策层、管理层和全体职工处处能看见，时时有提醒。推动企业把安全文化理念渗透到生产经营一切活动中，日积月累、潜移默化，逐渐固化为行为准则，引导职工养成良好的安全行为习惯。

构筑企业层层负责的安全屏障。各级工会要督促企业落实全员安全生产责任制，让决策层、管理层、全体职工都要清楚自己所应承担的安全责任，主动担责。决策层要树立正确的安全观念，在确立发展目标、制定发展规划、构建管理体系、建立监管机制、落实安全责任等决策过程中始终坚持“安全第一”，并就确保安全目标做出承诺。管理层要以身作则，充分发挥表率和示范作用，提升自身安全文化素养，建立并严格执行安全管理制度，落实安全责任，给予充分的安全措施和资源保障，以审慎的态度处理安全相关问题。全体职工要正确理解和认识各自的安全责任，严格执行各项安全规定，形成人人都是安全的创造者和维护者的工作氛围，做到懂安全、会安全、保安全。

推动企业开展职工安全文化建设。各级工会要推动企业按照“先简单后丰富、先启动后完善、先见效后提高”的思路，积极开展以“三化”“五有”为主要内容的职工安全文化建设。“三化”：一是“体系化”，实现职工安全文化与企业安全管理有机融合，构建起思想引领、安全预防、宣传教育、安全责任、安全监督等体系；二是“制度化”，具备健全完善的教育、培训、考核、监督、评估、承包商安全管理等安全文化制度并及时修订完善，做到“凡事有章可循，凡事有据可查，凡事有人负责，凡事有人监督”；三是“标准化”，实现安全管理、操作行为、设备设施和作业环境等标准化建设有效开展。“五有”：

一是“有目标”，根据所处行业和企业特性，研究制定符合自身发展的安全文化目标和实现方式；二是“有计划”，制定职工安全文化建设计划，对计划的执行情况进行过程监督和管控；三是“有抓手”，有推进工作的重点项目和专项活动，有工作平台和载体；四是“有保障”，有专项领导机构和执行团队、稳定的经费保障和考核评价激励措施；五是“有成效”，经过培育建设，有效增强职工的安全意识、安全技能。

112 工会如何在职工安全文化建设中发挥作用?

加强职工思想政治引领。各级工会要牢固树立安全发展理念，坚持把贯彻落实习近平总书记关于安全生产的重要论述与加强职工安全文化建设结合起来，通过组织学习、专题辅导、公益宣传、警示教育等各类线上线下活动，加强对职工的思想教育和引导，提高职工对安全文化建设重要性的认识，充分调动起广大职工参与安全文化建设的积极性和主动性。

支持鼓励职工做“安全生产吹哨人”。各级工会要督促企业保障职工在安全生产领域的民主政治权利，依法保障职工的知情权、参与权、表达权、监督权，切实提高职工主人翁地位。组织职工开展“隐患随手拍”、安全合理化建议等活动，发挥职工“哨兵”作用。建立完善隐患举报奖励制度，设立举报电话、信箱、电子邮箱等，及时向社会公布，向职工宣传政府、工会等设立的安全生产隐患举报渠道和有关安全生产政策，鼓励职工积极反映真实的安全生产隐患和问题，依法维护职工的合法权益。

113 工会如何构建职工安全文化建设环境？

加强职工安全文化阵地建设。各级工会要充分利用工匠学院、工人文化宫、职工书屋、户外劳动者驿站等线下平台和“技能强国－全国产业工人学习社区”等线上平台，设置职工安全文化专区，提升安全宣传教育培训功能，推进工会系统的职工安全文化阵地建设。鼓励有条件的企业在职工聚集区建设职工安全教育中心、安全文化场馆，建立劳模和工匠人才安全创新工作室。积极争取党委政府的支持，联合企业联合会、安全生产协会、社会机构、专业文化团体等单位，创作丰富的安全漫画、安全歌曲、安全小视频等职工安全文化作品，打造系列职工安全文化阵地。

提供职工安全文化服务。各级工会要发挥工会“大学校”作用，加强职工安全宣传教育培训，利用报纸、电视、广播、杂志等传统媒体和“三微一端”等新媒体工具，深入企业、车间、班组和广大职工中，广泛开展安全生产宣传和职工安全知识普及，提高职工的事故防范、应急处置和自我保护能力，营造良好安全文化氛围。充分发挥工匠学院、职工安全教育中心等职工安全文化阵地作用，定期组织企业负责人、管理人员和职工参加安全生产教育培训。特别是针对小微企业和灵活用工企业，要加强安全生产宣传、教育培训、消防演练、安全监督等工作。

广泛开展职工安全文化活动。各级工会要围绕“举旗帜、聚民心、育新人、兴文化、展形象”的使命任务，广泛开展带有“工”字特征、体现“工”字内涵、彰显“工”字精神的职工安全文化活动。要结合“安康杯”竞赛、“安全生产月”、《职业病防治法》宣传周、“小发明、小创造、小革新、小设计、小建议”、劳动和技能竞赛等活动，创新开展企业和职工喜闻乐见、形式多样、线上线下相结合的安全文化主题活动，打造“中国梦·劳动美”系列职工安全文化品牌。鼓励开展区域性、行业性的职工安全文化艺术节、示范性展演、才艺擂台赛等活动，不断提高职工参与率、覆盖率。

鼓励设立工会安全巡访员队伍。鼓励各级工会依托熟悉业务的工会干部、聘请在职或退休的安全生产领域专家，建立工会安全巡访员队伍。按照法律赋予工会在安全生产工作中的职责，组织安全巡访员定期到企业开展工作，采取工作指导、宣传教育、培训提升等措施，督促企业落实好安全生产主体责任。

协助督促企业做好安全风险防范。针对电气焊作业和消防、矿山、危险化学品、交通运输、建筑施工、城镇燃气、烟花爆竹、工贸、自建房、“三合一”及人员密集场所、供电供热、军工、文化旅游、农机、水利、特种设备等重点行业领域企业，加大工会劳动保护监督检查力度，督促企业落实安全生产主体责任和企业全员安全生产责任制，执行安全生产规章制度，加大安全生产投入力度，加强现场安全管理和重大危险源监控，强化关键设施装置安全运行维护和落实安全防范措施。

持续改进和提升职工安全文化建设水平。各级工会要充分认识职工安全文化建设的阶段性、复杂性和持续改进性，探索建立职工安全文化建设评价指标体系，查找职工安全文化建设中存在的薄弱环节并提出改进措施，持续提升职工安全文化建设水平。要指导企业结合行业领域特点和企业实际定期开展职工安全文化建设自我评价、监测和结果分析，组织开展区域性职工安全文化建设评价活动，开展示范性创建活动。

总结表彰一批职工安全文化建设先进典型。各级工会要经常性地开展调查研究和指导帮扶工作，及时总结提炼各地、各单位在加强职工安全文化建设方面的好经验好做法，广泛宣传、大力推广。要聚焦国家重大战略、重大工程、重大项目、重点产业，悉心指导、重点培育一批职工安全文化建设先进典型，发挥其示范引领作用。对职工安全文化建设实效突出的企业、工会和个人，在工会组织的各类评先推优项目中给予优先考虑。加大职工安全文化建设在全国“安康杯”竞赛活动评比指标中的比重，表彰一批在职工安全文化建设中涌现出来的先进集体和优秀个人，进一步激发企业、工会和职工干事创业的热情和干劲。

114 工会参与职业病防治工作模式的特点是什么？

针对我国职业病防治工作的现状，为适应市场经济发展对工会维权工作的需求，自2005年9月至2009年6月，全国总工会原劳动保护部与中国疾病预防控制中心职业卫生与中毒控制所共同开展了“工会参与职业病防治工作模式”（以下简称模式）的专题研究，提出了各级工会开展职业病防治工作的模式。该模式是在调查分析职业病防治工作现状和科学总结以往实践的基础上，借鉴国内外工会参与职业病防治工作经验，通过试点检验和专家论证形成的。模式的提出为工会加强参与职业病防治和制定工作规划提供了依据，对于提高各单位工会劳动保护整体工作水平，保护劳动者生命安全和身体健康具有重要意义。

一是模式对全国总工会、地方工会、产业工会、大型公有制企业工会、中小企业工会和职业卫生问题比较突出企业工会开展职业病防治的工作内容分别设置，具有全面性和系统性。如大型企业工会从组织机构和规章制度建设、前期预防、材料和设备管理、作业场所管理、作业场所职业病危害因素监测、履行告知义务、防护设施和个人防护用品、职业健康监护、职业病危害事故的应急救援、职业卫生培训、职业病诊断与病人保障、群众监督12个方面，对企业职业病防治工作进行监督检查，对存在的问题要求企业进行整改，并向劳动者公布。重大职业危害问题还应报告政府主管部门和上级工会。

二是模式中设置的工作内容体现了不同层次、不同特点工会领导机关和不同类型企业工会开展职业病防治工作的不同领域和重点，具有针对性和典型性。如大型企业工会开展职业病防治的工作重点是应用职业卫生检查表，中小企业工会开展职业病防治工作的重点是组建“联合职业安全卫生委员会”，职业卫生问题比较突出的企业工会开展职业病防治工作的重点是推行职业卫生专项集体合同。

三是模式中设置的工作内容反映了工会开展职业病防治工作的思路原则、目标任务和方法机制等方面的要求，具有规范性和可操作性。如模式在对地方工会推进建立健全适应社会主义市场经济的职业卫生管理和工作机制的设置方面，具体规定了四个方面内容：定期与同级政府举行联席会议；坚持向同级党委汇报职业病防治工作；以人大议案和政协提案等多种方式，表达劳动者对职业卫生的诉求热点和重点问题，加强与人大、政协专业委员会的协调，不断促进有关劳动安全卫生法律法规的完善，会同人大、政协以及有关政府部门，建立起联合执法监督机制；与妇联、共青团组织加强协调。

115 全国总工会参与职业病防治的工作模式是什么？

（1）加大源头参与。加大对国家职业卫生立法和政策制定的参与，促进完善职业卫生法律法规和政策标准体系。关注职业危害严重的重点产业、重点人群（农民工、女工、未成年工等），发现突出职业危害问题，积极呼吁，提议，推进法律、法规、标准、政策的研究制定，为改善劳动者权益实现状况提供制度保障，同时，优化工会维权的法律和政策环境。

（2）推动建立职业病防治三方协调机制。建立由职业病防治主管部门代表政府方、中国企业家联合会代表雇主组织、全国总工会代表劳动者组成的三方协调委员会，研究分析职业病防治工作发展形势，国家有关法律、法规、政策及标准，职业病防治规划、计划和方案，国家职业病防治工作的对策建议，以及各方关注的议题。

（3）推进建立健全适应社会主义市场经济的职业卫生管理和工作机制。将职业病防治纳入与国务院举行联席会议的重要内容，向党中央汇报职业病防治工作，向全国人大、政协反映社情民意，加强与相关组织间的协调。

（4）完善群众性监督检查体系和制度。完善群众性监督检查的有关规定。提高工会劳动保护干部参与职业病防治的素质和能力。

（5）与有关部委联合开展职业病防治工作的专项行动。参加职业病防治专项整治工作，联合开展职业病防治宣传周活动，参加重大职业病危害事故查处，参加有关职业病防治工作的调研等。

（6）进一步探索适应形势发展需求的工会职业病防治工作模式。及时总结各级工会开展职业病防治工作经验，选树典型，推广实用可行的工作模式，提高工会开展职业病防治工作的整体水平。

（7）开展职业病防治宣传教育，提高全社会职业病防治的意识和能力。加强对劳动者的职业病防治宣传教育工作，提高其对职业危害防护的责任感和自我保护的意识和技能。呼吁政府有关部门和社会各界共同开展全民安全卫生科技知识和法律知识普及工作，提高全民安全卫生素质。

（8）依托国家职业病防治机构开展有关科学研究。开展工会参与职业病防治工作研究，参与国家职业病预防控制机构有关的科研工作。

（9）积极拓展国际合作。参与世界卫生组织和国际劳工组织在中国举办的各种有关职业病防治工作的活动，参与职业卫生国际合作项目，代表工人参加国际劳工大会。

（10）积极参加协会和学会活动。

116 地方工会参与职业病防治的工作模式是什么?

（1）注重源头参与，积极促进完善职业卫生法律体系，加大参与立法和政策制定工作力度。根据本地实际情况，积极推进地方有关职业病防治的法规、政策的制定和贯彻实施。

（2）建立三方协调机制。参照国家职业病防治三方协调机制模式，建立本地职业病防治三方协调机制。

（3）推进建立健全适应社会主义市场经济的职业卫生管理和工作机制。定期与同级政府举行联席会议，就有关职业病防治重要政策的出台、职工群众职业卫生需求等进行通报沟通，提出工会的建议和主张；坚持向同级党委汇报职业病防治工作；向本地人大、政协反映社情民意；加强与相关组织间的协调。

（4）贯彻落实全国总工会有关做好职业病防治工作的要求和部署。

（5）与有关部门联合开展职业病防治专项活动。参加职业病防治工作的专项治理工作，联合开展职业病防治宣传活动，参加重大职业病危害事件调查处理，参加有关职业病防治工作调研。

（6）不断探索适应形势发展需求的基层工会职业病防治工作模式。按照全国总工会和地方政府、党委的要求，组织职业病防治维权试点工作。总结基层工会参与职业病防治工作经验，选树典型，推广实用可行的工作模式，提高基层工会开展职业病防治工作整体水平。

（7）开展职业病防治宣传教育，提高全社会参与职业病防治的意识和能力。

（8）依托职业病防治机构开展有关工作。研究本地工会主动参与职业病防治工作的载体、方法等，参与职业病防治机构有关的科研工作，参与当地重点职业危害控制策略研究。

（9）积极探索农民工的维权模式。探索多部门合作、城市间联盟、农民工双向维权模式等，在维权过程中保护农民工职业健康权益。

（10）推动区域工会组建和协商签订区域性职业卫生专项集体合同。

（11）积极参加协会和学会活动。

117 产业工会参与职业病防治的工作模式是什么？

（1）发挥熟悉本行业职业病危害因素和防治技术的优势，有针对性地开展咨询、培训等劳动保护工作；指导本行业的企业工会开展劳动保护工作。

（2）与政府行业主管部门、行业协会建立职业病防治三方协调机制。借鉴国家三方协调机制模式建立产业工会三方协调机制，就本行业职业病防治的重大事项进行协商，推动制定和完善相关政策，解决本行业职业病防治工作的突出问题。

（3）加强本行业职业病防治工作调查研究，掌握行业工艺技术发展、职业危害因素特点及变化、防护技术现状、从业劳动者群体构成等情况，推动行业职业卫生政策、标准的制定和防护技术的发展。

（4）推进产业平等协商、签订集体合同。作为本产业劳动者代表与行业协会（雇主组织）进行平等协商，协商和签订行业劳动安全卫生专项集体合同。

118 中小企业工会参与职业病防治的工作模式是什么？

（1）“联合职业安全卫生委员会”的建立。5人以下的企业，不要求建立“联合职业安全卫生委员会”或推选职业安全卫生代表，但要参加区域性工会，在区域工会的劳动安全卫生监督检查网络体系内开展工作。5～25人的企业，不需要建立“联合职业安全卫生委员会”，但要推荐一人作为职业安全卫生代表。25人及以上的企业，或劳动者25人及以上并预计工期在3个月以上的建设项目，要建立“联合职业安全卫生委员会”，并根据劳动者人数确定委员人数。

（2）“联合职业安全卫生委员会”的组成。“联合职业安全卫生委员会”按照对等原则建立。由代表企业方的委员（以下简称行政委员）和代表工人的委员（以下简称工人委员）组成，其中至少有一半应为工人委员。行政委员由企业主或行政选派；工人委员由工会选派或工人直接推选，工人委员应有工会劳动保护监督检查委员会委员及一线生产工人的代表。联合委员会成员中代表企业和工人的双方都至少有一名首席委员，前者由企业主授权指定他（他们）的权利与责任，后者由工人方或工会授权指定。首席委员要经过相关的专业培训，在委员会中起关键作用，工人方首席委员一般由工会主席或工会劳动保护监督检查员担任。应当至少推选两名委员（分别代表工人和雇主）参加专门培训，这两名委员称为持证委员，他们在联合职业安全卫生委员会中发挥关键作用。联合职业安全卫生委员会的工作期限至少为一年。

（3）职责和权利。联合职业安全卫生委员会的职责和权利。一是就企业职业安全卫生问题进行平等协商，在协商的基础上，提出协议草案。二是每月至少进行一次职业安全卫生检查，提出消除危险的书面建议，要求用人单位应当在一定的时间之内作出答复，并在企业行政认可后跟踪建议的履行，验收整改情况。三是进行职工伤亡事故、职业危害与职业病、职工拒绝工作和工人投诉等事件的调查，并提出处理意见。四是从用人单位获取与职业病防治工作相关的信息和资料，并应承担保密责任。五是协商与企业职业安全卫生工作有关的其他问题，同时向企业和工人提出有关改进企业职业安全卫生（状况）的措施建议。同时，未成立联合职业安全卫生委员会的企业，职业安全卫生代表与联合职业安全卫生委员会委员具有相同的职责和权利，包括查明企业中的危险，每月至少一次对企业进行安全检查，向雇主提出建议，对拒绝工作事件和事故进行调查。用人单位应当向联合职业安全卫生委员会提供必要的文件、资料。在联合职业安全卫生委员会工作的委员应得到适当的报酬，由企业支付。

（4）联合职业安全卫生委员会的工作规则。坚持平等原则，委员会由两位首席委员轮流主持。建立相关工作制度，包括工作会议制度，安全卫生检查制度，伤亡事故及职业危害调查制度，隐患整改验收制度，拒绝工作事件调查制度，委员会会务公开制度等。根据企业的具体情况，结合原有规章制度，可自行安排具体工作细节内容。委员会成员工作报酬应由企业支付，企业主应向委员会提供工作条件。制定工作程序。委员会至少每两个月开一次会，若企业存在隐患，会议次数可随时根据需要增加。每次会议议程应当在开会一周前拟定下发，委员会必须保持有会议记录。

119 如何运用“一函两书”制度保障劳动者权益?

“一函两书”制度是工会及相关单位为提醒用人单位落实好劳动法律法规，或纠正其违法劳动用工行为而适用相关文书的制度简称。“一函”即《工会劳动法律监督提示函》，“两书”即《工会劳动法律监督意见书》和《工会劳动法律监督建议书》。该制度重在源头预防，目的是通过协调协商方式将劳动关系矛盾纠纷化解在基层，化解在萌芽状态。

最高人民检察院、中华全国总工会联合印发《关于协同推进运用“一函两书”制度保障劳动者权益工作的通知》（以下简称《通知》）要求，协同推进运用“一函两书”制度，发挥检察机关法律监督职能优势和工会在发现、排查劳动领域风险隐患中的第一道防线作用，落实新时代“枫桥经验”关于预防在前、调解优先、运用法治、就地解决矛盾纠纷等要求，进一步提高双方协作配合质效，推动劳动法律法规贯彻执行，保障劳动者合法权益。

《通知》明确了“一函两书”制度的适用范围，即用人单位涉及职工利益的内部规章制度的制定、修改、执行，工资集体协商和集体合同制度的建立和执行，职工代表大会制度的建立和落实；劳动合同的订立、履行、变更、解除和终止，劳动报酬分配、调整、支付和社会保险、福利待遇的落实，工作时间、休息和休假制度的执行；安全生产、职业病防治等劳动安全卫生的执行，女职工、未成年工、残疾职工及老年劳动者特殊权益保护，职工教育培训及其经费提取、使用等情况。工会劳动保护工作的安全生产和职业病防治等劳动安全卫生的执行适用于“一函两书”制度。

2024 年 2 月 26 日中华全国总工会办公厅关于印发《全面推行工会劳动法律监督“一函两书”工作方案》的通知，全国总工会决定开展全面推行工会劳动法律监督“一函两书”工作。

GONG HUI LAO DONG BAO HU
GONG ZUO ZI CE TI

第八部分

工会劳动保护工作自测题

一、单项选择题（共 40 题，每题只有一个正确答案）

1. 劳动保护是指为了保障劳动者在（　）的安全与健康，从法律、制度、组织管理、教育培训、技术、设备等方面采取的一系列综合措施的总称。

A. 任何时候　　B. 生产劳动过程中

C. 工作日期间　　D. 休闲娱乐时

2. 工会劳动保护是指工会根据法律赋予的职权，监督企业和有关方面贯彻国家有关劳动安全卫生的法律法规，发动职工群众参与（　）工作，督促企业不断改善劳动条件，维护职工在生产劳动过程中的安全与健康合法权益。

A. 安全生产　　B. 应急救援

C. 职业病防治　　D. 安全生产和职业病防治

3. 工会发挥群众性安全生产的作用，依照“预防为主、（　）、依法监督”的原则，开展安全检查、排查隐患、“三同时”审查验收等工作，进行群众性劳动保护监督检查，协助企业查找安全生产工作中存在的突出问题。

A. 群防群治、群专结合　　B. 安全第一、综合治理

C. 以人为本、人民至上　　D. 防治结合、综合治理

4. 全国总工会于 1985 年颁布了工会劳动保护监督检查三个条例，并于 1997 年和 2001 年进行了修改。有关“三个条例”名称错误的是（　）。

A.《工会劳动保护监督检查员工作条例》

B.《基层工会劳动保护监督检查委员会工作条例》

C.《地方工会劳动保护监督检查委员会工作条例》

D.《工会小组劳动保护检查员工作条例》

5. 工会劳动保护监督检查员应有较高的政策、业务水平，熟悉和掌握有关劳动安全卫生法律法规和劳动保护业务。工会劳动保护监督检查员任命前必须经过（　）岗位培训，考核合格。

A. 安全常识　　B. 劳动保护

C. 职业能力　　D. 专业知识

6. 企事业工会及所属分厂、车间工会设立工会劳动保护监督检查委员会。乡镇工会、城市街道工会及基层工会联合会也可设立工会劳动保护监督检查委员会。工会劳动保护监督检查委员会在同级工会领导下开展工作。工会劳动保护监督检查委员会委员由同级工会提名，报（　）备案。

A. 同级工会　　B. 企业工会

C. 上级工会　　D. 上级行政主管部门

7. 在工、交、财贸、基本建设等行业的企事业生产班组中，设立工会小组劳动保护检查员。工会小组劳动保护检查员经（　）产生，在基层工会劳动保护监督检查委员会领导下工作。

A. 领导任命　　B. 自我推荐

C. 工会推选　　D. 民主推选

8. 为加强安全生产宣传教育工作，提高全民安全意识，我国每年开展“安全生产月”活动，每年的“安全生产月”活动都有一个主题，2024 年开展的第 23 个全国“安全生产月”活动的主题是（ ）。

A. 人人讲安全、个个会应急——畅通生命通道

B. 遵守安全生产法，当好第一责任人

C. 落实安全责任，推动安全发展

D. 消除事故隐患，筑牢安全防线

9. 2024 年 4 月 25 日至 5 月 1 日是第 22 个全国《职业病防治法》宣传周。今年的活动主题是（ ）。

A. 远离职业危害，落实职防责任

B. 共创健康中国，共享职业健康

C. 改善工作环境条件，保护劳动者身心健康

D. 坚持预防为主，守护职业健康

10. “安康杯”竞赛活动是由全国总工会、应急管理部和国家卫健委等单位共同开展的一项（ ）。“安康杯”是取“安全”和“健康”之意而设立的职业安全卫生工作荣誉奖杯。

A. 群众性安全生产活动　　B. 群众性安全管理活动

C. 群众性质量安全活动　　D. 群众性劳动竞赛活动

11. “安全”是一个与风险直接相关的概念，安全是指风险可接受的状态，下面有关“安全”说法正确的是（ ）。

A. 多年来一直没有发生事故

B. 达到法律法规标准要求

C. 风险得到有效控制，达到可接受水平

D. 开展安全检查没有发现事故隐患

12. 风险是指事故发生的可能性（概率）与事故后果严重度一起决定的潜在危险；隐患则是风险管控的漏洞，往往是导致事故的直接诱因；安全是指风险控制达到了可以接受的水平。基于上述概念定义，下面说法错误的是（　）。

A. 安全是相对的；危险是绝对的

B. 飞机发生事故的概率比火车火车低，因此飞机比火车更安全

C. 存在事故隐患会增加事故发生的可能性

D. 重大危险源一旦发生事故后果更严重，因此具有更高的事故风险

13.《安全生产法》确立的安全生产工作机制是（　）。

A. 生产经营单位负责、行业自律、社会监督、国家监察

B. 生产经营单位负责、政府监管、国家监察、中介机构提供服务

C. 生产经营单位负责、职工参与、政府监管、行业自律、社会监督

D. 生产经营单位负责、职工参与、行业自律、中介机构提供服务

14. 根据《安全生产法》，从业人员安全生产权利与义务包括（　）。

A. 发现直接危及人身安全的紧急情况时，从业人员有权立即撤离作业现场

B. 从业人员有权拒绝接受生产经营单位提供的安全生产教育培训

C. 从业人员发现事故隐患，立即报告现场安全管理人员或者本单位负责人

D. 从业人员受到事故伤害获得工伤保险后，不再享有获得民事赔偿的权利

15. 依据《安全生产法》规定，下列（　）不属于规定的劳动者应尽的义务。

A. 遵章守纪，服从管理

B. 拒绝违章指挥

C. 正确佩戴和使用劳动防护用品

D. 发现事故隐患或者其他不安全因素时立即上报

16. 依据《安全生产法》的规定，下列安全生产工作职责，属于生产经营单位主要负责人的是（　）。

A. 检查本单位的安全生产状况，及时排查生产安全事故隐患，提出改进安全生产管理的建议

B. 组织或者参与本单位应急救援演练

C. 组织或者参与本单位安全生产教育和培训，如实记录安全生产教育和培训情况

D. 建立、健全本单位安全生产责任制

17. 生产经营单位必须遵守《安全生产法》和其他有关安全生产的法律、法规，加强安全生产管理，建立健全全员安全生产责任制和安全生产规章制度，加大对安全生产资金、物资、技术、人员的投入保障力度，改善安全生产条件，加强安全生产标准化、信息化建设，构建（　）和隐患排查治理双重预防机制，健全风险防范化解机制，提高安全生产水平，确保安全

生产。

A. 风险管理　　B. 安全风险管理

C. 安全风险治理　　D. 安全风险分级管控

18. 张某为某汽车制造厂加工岗位工人，与该单位签订为期 3 年的劳动合同。工作一年后，该单位将其从机加工岗位调到喷漆岗位工作。依据《职业病防治法》的规定，下列关于张某在劳动过程中职业病防护与管理的做法，正确的是（　）。

A. 张某因该单位未事先告知喷漆岗位职业危害而不服从调动，用人单位因此解除与其签订的劳动合同

B. 张某因该单位喷漆岗位未配备职业病防护装置而不服从调动，用人单位因此解除与其签订的劳动合同

C. 张某因该单位未事先告知喷漆岗位职业病危害，拒绝从事新岗位工作

D. 张某到新岗位后，该单位保持原劳动合同，未协商变更相关条款

19. 依据《劳动法》的规定，用人单位不得安排女职工在哺乳未满 1 周岁的婴儿期间从事的工作是（　）。

A. 第一级体力劳动强度的劳动

B. 夜班劳动

C. 电工

D. 驾驶机动车

20. 依照《安全生产法》，五大高危企业（矿山、金属冶炼、建筑施工、运输以及危险物品生产、经营、储存、装卸单位），以及职工人数达到 100 人以上的其他企业要设置专职安

全管理人员或管理机构。以下企业无须配备专职管理人员或设置机构的是（ ）。

A. 89 人的机械加工企业

B. 230 人的食品加工企业

C. 910 人的煤矿

D. 90 人的铜矿企业

21. 某矿山工会人员发现作业场所存在火灾隐患，可能危及职工生命安全。依据《矿山安全法》的规定，矿山工会有权采取的措施是（ ）。

A. 立即决定停工

B. 告知职工拒绝作业

C. 直接采取排除火灾隐患的处理措施

D. 向矿山企业行政方面建议组织职工撤离危险现场

22. 某地矿山监察部门对一煤矿进行安全检查时，发现其瓦斯抽放管道一直未安装到位，当即下达期限整改指令书，随后该煤矿在实施瓦斯抽放管道安装，调试及试抽过程中，工作面发生煤与瓦斯突出事故。关于该煤矿隐患排查治理的说法，正确的是（ ）。

A. 隐患排查不到位是煤与瓦斯突出直接原因

B. 安全总监应对瓦斯抽放管道隐患整改负领导责任

C. 瓦斯抽放管道隐患整改的责任主体应当是矿山监察部门

D. 该矿应建立以安全管理人员为主导的隐患整改评价制度

23. 某企业开展安全生产检查与隐患排查治理工作，安全部王某在氨制冷车间检查时用便携式氨检测仪进行泄漏检查，生产部张某通过查阅1号压编机运行压力记录并进行趋势分析，提出超压预警告知，该企业使用的安全检查方法分别属于（　）。

A. 仪器检查和数据分析法

B. 常规检查和安全检查表法

C. 安全检查表法和数据分析法

D. 安全检查表法和仪器检查

24. 以下关于安全检查表方法的叙述，正确的是（　）。

A. 按查隐患要求列出检查项目，同类性质的问题不需要列在一起

B. 安全检查表应列举需查明的所有能导致工伤或事故的不安全状态和行为

C. 各类安全检查表都有其适用对象，虽然内容各有侧重，但可以通用

D. 安全检查表格式有统一规定，不同的要求都可采用相同的安全检查表

25. 安全生产检查常采用现场检查的方式进行，通过检查可及时发现隐患并采取措施予以消除。现场安全检查方法中，可直接、定量地获取准确信息的方法是（　）。

A. 员工访谈　　B. 查阅记录

C. 现场观察　　D. 仪器检查

26. 根据年度检查计划，某建筑工地项目经理李某组织安全部、工程部、物资部等相关人员进行劳动防护用品专项检查，对检查中发现的问题限期整改，下面整改要求中错误的是

（ ）。

A. 焊工佩戴墨镜焊接作业，应缩短作业时间

B. 卫生清扫人员佩戴超过有效使用期的新安全帽，应立即更换

C. 公用的便携式煤气报警仪由班组统一保管

D. 电工班组绝缘手套已到有效使用期，应强制报废

27. 某日 14：10，甲企业发生危险化学品泄漏引发的火灾爆炸事故，造成 2 名操作工人死亡。现场负责人李某向企业负责人王某报告，但联系不到王某。考虑到现场危险化学品仍在持续泄漏。李某于 15：30 向属地县级应急管理部门通过微信上报。县级应急部门接到事故报告后，于 18：00 上报至市级应急管理部门，根据《生产安全事故报告和调查处理条例》（国务院令第 493 号），事故上报符合规定的是（ ）。

A. 企业上报时限

B. 现场负责人李某上报事故

C. 县级应急管理部门上报时限

D. 企业事故上报方式

28. 某企业施工过程中，将土方倒运到基坑附近的围墙内侧地坪处，因堆土导致近公共道路一段围墙向外坍塌，致使公共道路上集贸早市的经营者及行人共 44 人被压埋，造成 19 人死亡，25 人受伤的重大事故。关于事故报告时限的说法，正确的是（ ）。

A. 上报国务院不应超过事故发生起 7 小时

B. 上报县级应急管理部门不应超过事故发生起 3 小时

C. 上报市级应急部门不应超过事故发生起 4 小时

D. 上报省级应急部门不应超过事故发生起 6 小时

29. 位于甲县的某生产制造企业在吊装作业过程中发生一起吊物打击伤亡事故。造成 1 人死亡、2 人重伤。事故发生后，甲县人民政府委托县应急管理局进行事故调查，事故调查组聘请专家乙参加调查。关于事故调查的说法，正确的是（　）。

A. 事故调查组组长由甲县应急管理局指定

B. 调查取证时，行政执法人员的人数不得少于 2 人

C. 事故类型属于物体打击事故

D. 乙可以负责调查取证工作

30. 某化工公司物流部运输车押运员在磷酸装卸区附近，使用低压蒸汽对运输车罐体内残留的硫化钠残液进行蒸罐清洗，污水流入地沟后与地沟内残存的硫酸发生反应，产生的硫化氢气体造成附近 2 人中毒死亡，导致事故发生的直接原因是（　）。

A. 化工公司没有设置单独的清洗作业场所

B. 装卸作业风险辨识不清、装卸区安全管理混乱

C. 运输车押运员培训不到位，违规操作

D. 硫化钠污水流入地沟，与地沟内的硫酸发生化学反应

31. 依据《职业病防治法》的规定，产生职业病危害的用人单位的设立，除应当符合法律、行政法规规定的设立条件外，其作业场所布局应遵循的原则是（　）。

A. 生产作业与储存作业分开

B. 加工作业与包装作业分开

C. 有害作业与无害作业分开

D. 吊装作业与维修作业分开

32. 为落实国务院安全生产工作“十五条硬措施”。某县应急管理局对辖区内企业开展安全生产检查，检查发现未落实“十五条硬措施”的问题是（　）。

A. 液化石油气罐装公司记录了安全生产教育培训情况

B. 食品加工企业建立了安全风险分级管理制度

C. 使用燃气的餐饮企业安装了可燃气体报警装置

D. 建设项目安全总监组织制定并实施了本单位安全生产管理制度

33. 某企业制定了安全教育培训制度，明确了各级管理人员的安全培训要求，重点是提升员工的安全意识和能力，关于员工安全教育培训的说法，错误的是（　）。

A. 司护工张某初次安全培训时间不得少于 24 学时

B. 厂长王某初次安全培训时间不得少于 24 学时

C. 包装线由手动改为自动，包装工刘某应该进行安全教育培训

D. 使用被派遣劳务人员，派遣公司应对其进行必要培训

34. 依据《生产经营单位安全培训规定》，下列关于生产经营单位主要负责人、安全生产管理人员、特种作业人员以外的其他从业人员安全培训的说法，正确的是（　）。

A. 高危行业生产经营单位新上岗的人员，岗前培训时间不少于 36 学时

B. 非高危行业生产经营单位新上岗的人员，岗前培训时间

不少于 24 学时

C. 安全生产经营单位三级安全培训是指厂（矿）级、车间级、部门级安全培训

D. 调整工作岗位或离岗一年重新上岗人员必须进行三级教育培训

35. 某沿海中药企业，每年“安全生产月”期间，根据国家安全政策法律法规和制药“加灸、蒸煮、煅烧以及炒药”等工艺操作规程要求，开展安全质量岗位达标培训，关于企业岗位安全教育培训的说法，正确的是（　）。

A. 蒸煮班前会属于专题安全教育培训

B. “三新”安全教育培训属于专题安全教育培训

C. 加灸安全操作规程的专题考试属于日常安全教育培训

D. 开展沿海气候条件影响炒药岗位风险培训属于专题安全教育培训

36. 生产经营单位应当建立健全并落实生产安全事故（　）制度，采取技术、管理措施，及时发现并消除事故隐患。事故隐患排查治理情况应当如实记录，并通过职工大会或者职工代表大会、信息公示栏等方式向从业人员通报。其中，重大事故隐患排查治理情况应当及时向负有安全生产监督管理职责的部门和职工大会或者职工代表大会报告。

A. 危险排查治理　　B. 风险排查治理

C. 隐患治理　　D. 隐患排查治理

37. 中小企业职业安全卫生防护“工具包”涵盖了企业工作场所中存在的物料存储和处理、手动工具、机械安全、工作

台设计、照明、厂房、（ ）、福利设施、工作组织等九大类工效学方面主要问题和 132 项相应的干预措施。

A. 环境物质

B. 管理因素

C. 有害物质和有害因素

D. 生产过程危险和有害因素

38. 根据《安全生产法》，关于建设项目安全设施“三同时”的说法，正确的是（ ）。

A. 新建项目安全设施必须与主体工程同时设计、施工、投入生产和使用，改建项目安全设施则不需要同时设计、施工、投入生产和使用

B. 改扩建项目安全设施报经有关部门批准，可以在批准期限内迟于主体工程施工

C. 建设项目安全设施竣工后必须经建设行政主管部门验收合格，方可投入使用

D. 矿山建设项目的施工单位按照批准的安全设施设计施工，并对安全设施的工程质量负责

39.《安全生产法》规定，国家实行生产安全事故责任追究制度，追责类别包括民事责任、行政责任（包括行政处分、行政处罚）和刑事责任。以下属于追究刑事责任的是（ ）。

A. 某企业领导因与职工签订事故伤害免责条款而被罚款 2 万元

B. 某班组长因瞒报事故被行政拘留 15 天

C. 某企业领导因发生伤亡事故被判刑 2 年

D. 某企业领导因没有履行安全管理职责而被撤职

40. 某企业从规范停放车辆入手，推动安全文化建设，采取了划定停车标线和停车车头向外方向指引线、安装语音提示系统、厂内测速实时显示系统和专人现场指导等手段，从而形成了浓厚的规范停车安全文化氛围。经运行一个月后，员工能够按照既定的提示和要求，规范停放车辆。该企业做法符合安全文化建设功能中的（　）。

A. 激励功能　　B. 凝聚功能

C. 辐射功能　　D. 导向功能

二、多选题（共10题，每题至少有两个正确选项）

1. 某地甲、乙、丙、丁、戊5家企业发生了下列生产安全事故。依据《生产安全事故报告和调查处理条例》的规定，其中属于较大事故的有（　）。

A. 甲企业发生事故造成5人死亡，2000万元直接经济损失

B. 乙企业发生事故造成2人死亡，11人重伤

C. 丙企业发生事故造成15人急性工业中毒

D. 丁企业发生事故造成5人重伤，6000万元直接经济损失

E. 戊企业发生事故造成55人重伤

2. 2021年10月15日，甲市乙县某建筑施工现场突发一起火灾事故，造成2人死亡、1人重伤。事故发生后第9天，重伤人员抢救无效死亡，县政府成立事故调查组，由县应急局、消防大队、纪监委、公安局组成。下设技术勘察组、管理管控组、综合工作组、责任追究组，按程序开展事故调查。调查取

证阶段，安排 1 名行政执法人员调查取证，调查查阅了诸多材料，并调查了施工单位主要负责人上一年年收入。事故发生后第 90 天调查组向县人民政府提交了事故调查报告。根据上述背景，该起事故调查相关内容不符合要求的有（　）。

A. 事故调查组的组成

B. 事故调查组的权限

C. 行政执法人员的人数

D. 提交事故调查报告的时间

E. 调查主要负责人的年收入

3. 甲公司是一家烟花爆竹生产企业，有从业人员 288 人，乙公司是一家纺织企业，有从业人员 450 人，丙公司是一家机械厂，有从业人员 150 人。依据《安全生产法》的规定，下列关于安全生产管理机构设置和安全生产管理人员配备的说法，正确的是（　）。

A. 甲公司可以不设置安全生产管理机构，但应当配备专职或者兼职安全生产管理人员

B. 甲公司应当设置安全生产管理机构或者配备专职安全生产管理人员

C. 乙公司可以不设置安全生产管理机构，但应当配备专职或者兼职安全生产管理人员

D. 乙公司应当设置安全生产管理机构或者配备专职安全生产管理人员

E. 丙公司可以不设置安全生产管理机构，但可以委托具有国家规定的相关专业技术资格的工程技术人员提供安全生产管

理服务

4. 使用劳动防护用品（即个体防护装备），是保障劳动者人身安全与健康的重要措施，《个体防护装备配备规范 第1部分：总则》（GB 39800.1—2020），关于用人单位在劳动防护用品发放，培训和使用管理的说法，正确的有（　）。

A. 对劳动者进行劳动防护用品的使用等专业知识培训

B. 在使用个体防护装备前，应对劳动防护用品进行检查

C. 劳动防护用品入库后应进行进货验收，确保符合国家标准

D. 确保劳动防护用品外观完好、功能正常

E. 被更换后的劳动防护用品可以再次使用

5. 甲企业拟建设年产100万吨的煤矿项目，乙企业拟建设年产10万吨苯乙烯的化工项目，丙企业拟扩建金属冶炼生产线，丁企业拟建造芯片生产线，四家企业建设项目均于2022年3月1日竣工。根据《建设项目安全设施“三同时”监督管理办法》，关于建设项目安全设施施工和竣工验收的说法，正确的有（　）。

A. 建设项目在施工过程中，存在危险性较大的分部分项工程的，应当编制专项施工方案，并经项目部技术负责人、总监理工程师签字后实施

B. 对甲企业和乙企业的建设项目实施有关安全许可时，有关部门应当对项目安全设施竣工验收报告进行审查

C. 企业存在未依法设置安全生产管理机构或者配备安全生产管理人员的，不得通过竣工验收

D. 根据规定需要试运行的建设项目，项目竣工立即投入试运行，试运行可以在 3 月 21 日之前结束

E. 乙企业和丙企业的建设项目，应当在建设项目试运行前将试运行方案报负责安全许可的有关部门备案

6. 依据《职业病防治法》的规定，下列关于劳动者劳动过程中职业病的防护与管理的说法，正确的有（　）。

A. 用人单位应当定期对工作场所进行职业病危害因素检测、评价。检测、评价结果存入用人单位职业卫生档案，定期向所在地安全监管部门报告并向劳动者公布

B. 对从事接触职业病危害作业的劳动者，用人单位应当组织上岗前、在岗期间和离岗时的职业健康检查，并将检查结果书面告知劳动者

C. 劳动者在已订立劳动合同期间因工作岗位或者工作内容变更，从事与所订立劳动合同中未告知的存在职业病危害的作业时，用人单位应当向劳动者履行如实告知的义务，原劳动合同相关条款可不予变更

D. 职业健康检查应当由省级以上人民政府卫生行政部门批准的医疗卫生机构承担。职业健康检查费用由用人单位承担

E. 劳动者离开用人单位时，有权索取本人职业健康监护档案复印件，用人单位应当如实、无偿提供，并在所提供的复印件上签章

7. 某汽车生产制造企业，厂区内新建有办公楼、组装车间、锅炉房和库房等，其中特种设备设置情况为在办公楼设置有 1 部直梯，组装车间设置有 2 台天车，锅炉房配备有 1 台蒸

汽锅炉。根据《特种设备安全法》，关于该企业特种设备安全管理的说法，正确的有（　）。

A. 应当制定特种设备岗位责任书、隐患治理和应急救援等制度

B. 应当在特种设备投入使用前或者投入使用后30日内申请使用登记

C. 应当为每台特种设备配备兼职安全管理人员1名

D. 应当将登记标志存放于特种设备安全技术档案中

E. 必须与电梯制造单位签订电梯维修委托合同

8. 下列关于生产经营单位对从业人员进行安全培训的说法中正确的是（　）。

A. 生产经营单位使用被派遣劳动者的，应当将被派遣劳动者纳入本单位从业人员统一管理

B. 生产经营单位接收中等职业学校学生实习的，应当对实习学生进行相应的安全生产教育和培训

C. 生产经营单位接收中等职业学校学生实习的，应当由学校应实习学生进行安全生产教育和培训

D. 生产经营单位应当进行安全培训的从业人员包括主要负责人、安全生产管理人员、特种作业人员和其他从业人员

E. 生产经营单位从业人员应当接受培训的内容包括安全规章制度、安全操作规程、应急处理措施等

9. 地级市市属企业领导班子调整，商业公司经理甲与石油商业公司经理乙按照有关规定要求需要做上岗安全培训。关于培训内容和时长的说法，正确的有（　）。

A. 经理甲本次培训的主要内容为安全生产管理基础知识，安全生产技术

B. 经理乙本次培训的主要内容为安全生产新知识、新技术

C. 经理甲需要培训的时间不低于 32 学时

D. 甲乙两位经理均需重新培训取得上岗资格证书

E. 经理乙需要培训的时间不低于 16 学时

10. 构成安全生产犯罪的，应当依法承担刑事责任。根据《刑法》及相关司法解释，关于安全生产犯罪刑事责任的说法，正确的有（　）。

A. 强令他人违章冒险作业，因而发生重大伤亡事故的，处 3 年以下有期徒刑或者拘役

B. 在生产、作业中违反有关安全生产管理的规定，因而造成严重后果的，处 3 年以下有期徒刑或者拘役

C. 在安全事故发生后，负有报告职责的人员不报或者谎报事故的，处 5 年以下有期徒刑或者拘役

D. 安全生产条件不符合国家规定，因而发生重大伤亡事故，对直接负责的主管人员，处 3 年以下有期徒刑或者拘役

E. 举办大型群众性活动违反安全管理规定，因而发生重大伤亡事故的，对直接负责的主管人员，处 5 年以下有期徒刑或者拘役

测试题参考答案

一、单项选择题（共 40 题，每题只有一个正确答案）

1. B	2. D	3. A	4. C
5. B	6. C	7. D	8. A
9. D	10. A	11. C	12. B
13. C	14. A	15. B	16. D
17. D	18. C	19. B	20. A
21. D	22. B	23. A	24. B
25. D	26. A	27. B	28. A
29. B	30. D	31. C	32. D
33. B	34. B	35. B	36. D
37. C	38. D	39. C	40. D

二、多选题（共 10 题，每题至少有两个正确选项）

1. ABC	2. ACD	3. BD	4. ABD
5. BC	6. ABDE	7. AB	8. ABDE
9. AC	10. BD		

FU LU

附　录

中华全国总工会关于颁布工会劳动保护监督检查三个条例的通知

（总工发〔2001〕16号　2001年12月31日）

各省、自治区、直辖市总工会，各全国产业工会，中共中央直属机关工会联合会，中央国家机关工会联合会，全总各部门、各直属单位：

根据实际情况和修改后的《中华人民共和国工会法》的有关规定，全国总工会对《工会劳动保护监督检查员工作条例》、《工会劳动保护监督检查委员会工作条例》、《工会小组劳动保护检查员工作条例》作了修改，现予颁布，请认真贯彻执行。

工会劳动保护监督检查三个条例

根据实际情况和修改后的《中华人民共和国工会法》的有关规定，全国总工会对《工会劳动保护监督检查员工作条例》、《基层工会劳动保护监督检查委员会工作条例》、《工会小组劳动保护检查员工作条例》作了修改，现予颁布，请认真贯彻执行。

工会劳动保护监督检查员工作条例

第一条 为履行工会劳动保护监督检查的职责，维护职工在劳动过程中的安全与健康，根据《中华人民共和国工会法》、《中华人民共和国劳动法》和国家有关劳动安全卫生法律法规的规定，制定本条例。

第二条 工会组织依法履行劳动保护监督检查职责，建立劳动保护监督检查制度，对安全生产工作实行群众监督，维护职工的合法权益。

第三条 在县（含）以上总工会、产业工会中设立工会劳动保护监督检查员。可聘请有关方面熟悉劳动保护业务的人员担任兼职工会劳动保护监督检查员。

第四条 中华全国总工会，省、自治区、直辖市总工会，全国产业工会，省辖市总工会对工会劳动保护监督检查员有审批任命权。

省、自治区、直辖市总工会，全国产业工会和中华全国总工会有关部门的工会劳动保护监督检查员由中华全国总工会审批任命。

省辖市总工会、省产业工会的工会劳动保护监督检查员由省、自治区、直辖市总工会、全国产业工会审批任命，报中华全国总工会备案。

县级总工会的劳动保护监督检查员由省辖市总工会审批任命，报省、自治区、直辖市总工会备案。

工会劳动保护监督检查员由其所隶属的工会组织考核、申报。

工会劳动保护监督检查员证件由中华全国总工会统一印制。

第五条 工会劳动保护监督检查员在其所隶属的工会组织领导下工作，代表工会组织依法实施劳动保护监督检查；也可受任命机关委托，代表任命机关执行监督检查任务。

第六条 工会劳动保护监督检查员应具有大专以上文化程度、具有一定的生产实践经验，并从事工会劳动保护工作一年以上，应有较高的政策、业务水平，熟悉和掌握有关劳动安全卫生法律法规和劳动保护业务；科级以上、从事五年以上劳动保护工作的工会干部也可以担任工会劳动保护监督检查员。工会劳动保护监督检查员任命前必须经过劳动保护岗位培训，考核合格。

第七条 工会劳动保护监督检查员代表工会组织行使下列职权：

（一）参与劳动安全卫生法律法规、标准和重大决策、措施的制定，监督劳动安全卫生法律法规和政策的贯彻执行。

（二）监督检查本地区、行业和企事业的劳动安全卫生工作，对劳动安全卫生状况进行分析，对危害职工劳动安全与健康的问题进行调查，向政府及有关部门、企事业单位反映需要解决的问题，提出整改治理的建议。

（三）制止违章指挥、违章作业。在监督检查时，发现存在事故隐患、职业危害和违反国家劳动安全卫生法律法规的问题，有权要求企事业进行整改，监督企事业采取防范事故和职业危害的措施；发现严重存在事故隐患或职业危害的，提请所隶属的工会组织向企事业单位发出书面整改建议，并督促企事业单位解决；对拒不整改的，提请政府有关部门采取强制性措施。

（四）在生产过程中发现明显重大事故隐患和严重职业危害，并危及职工生命安全的紧急情况时，有权向企事业行政或现场指挥人员要求采取紧急措施，包括立即从危险区内撤出作业人员。同时支持或组织职工采取必要的避险措施并立即报告。

（五）依法参加职工伤亡事故的调查和处理，监督企事业单位采取防范措施，对造成伤亡事故和经济损失的责任者，提出处理意见。对触犯刑律的责任者，建议追究其法律责任。

（六）参加新建、扩建和技术改造工程项目劳动安全卫生设施的设计审查和竣工验收，对劳动条件和安全卫生设施存在的问题提出意见和建议。

（七）监督和协助企事业单位严格执行国家劳动安全卫生规程和标准，建立、健全劳动安全卫生制度；监督检查劳动安全卫生设施；监督检查技术措施计划的执行及经费投入、使用的情况；监督检查企事业单位的安全生产状况。

（八）支持基层工会劳动保护监督检查委员会和工会小组劳动保护检查员开展工作，在劳动保护业务上给予指导。

第八条　工会劳动保护监督检查员履行下列义务：

（一）严格执行国家法律法规和政策，实事求是，坚持原则，联系群众，依法监督。

（二）宣传国家劳动安全卫生法律法规和政策，教育职工遵守国家有关劳动安全卫生的各项法律法规和企事业单位的规章制度，推广先进的安全管理方法、预防事故和职业危害技术。

（三）与政府有关部门密切合作。

（四）学习相关知识，提高自身素质，适应工会劳动保护监督检查工作的要求。

第九条　工会劳动保护监督检查员执行任务时，应出示《工会劳动保护监督检查员证》。实施监督检查时，企事业单位应予以配合，提供方便。对拒绝或阻挠监督检查员工作的单位和个人，提请有关部门严肃处理。

第十条　工会劳动保护监督检查员应定期向其所隶属的工会汇报工作。受任命机关委托执行监督检查任务时，应向任命机关提交专题报告。

第十一条　工会组织对工会劳动保护监督检查员进行管理、业务指导和定期培训。

第十二条　任命机关定期考核工会劳动保护监督检查员的工作。对成绩显著者给予表彰奖励，对失职者取消其监督检查员资格。

第十三条　工会劳动保护监督检查员所隶属的工会组织为其开展工作提供交通、通讯等工作条件和必要的工作经费。工会劳动保护监督检查员按规定享受个人防护用品、保健津贴等待遇。

第十四条　各省、自治区、直辖市总工会和全国产业工会根据本地区、本行业具体情况，制订实施细则。

第十五条　本条例解释权属中华全国总工会。

第十六条　本条例自颁布之日起实施。

基层工会劳动保护监督检查委员会工作条例

第一条 为发挥基层工会劳动保护监督检查作用，维护职工在劳动过程中的安全与健康，根据《中华人民共和国工会法》、《中华人民共和国劳动法》和国家劳动安全卫生法律法规的有关规定，制定本条例。

第二条 企事业工会及所属分厂、车间工会设立工会劳动保护监督检查委员会（或工会劳动保护监督检查小组，下同）。

乡镇工会、城市街道工会及基层工会联合会也可设立工会劳动保护监督检查委员会。

工会劳动保护监督检查委员会在同级工会领导下开展工作。

第三条 工会劳动保护监督检查委员会委员由同级工会提名，报上级工会备案。

第四条 工会劳动保护监督检查委员会设主任委员1人，副主任委员1—2人，委员若干人，女职工相对集中的单位，应设女职工委员。主任委员应由工会委员会主席或副主席担任。

工会劳动保护监督检查委员会委员由熟悉劳动保护业务、热心劳动保护工作的工会干部和生产一线的职工担任。工会劳动保护监督检查委员会委员也可聘请行政管理人员担任，但不得超过委员会总人数的三分之一。

第五条 根据需要，工会劳动保护监督检查委员会的工作可与职工（代表）大会的专门委员会的工作相结合。

第六条 工会劳动保护监督检查委员会的职权：

（一）监督和协助本单位贯彻执行国家劳动安全卫生法律法规，监督落实安全生产责任制和规章制度，参加涉及职工劳动安全与健康规章制度的制定，参与本单位劳动安全卫生措施、计划和经费投入等方案的制定和实施，对劳动安全卫生的决策、措施提出意见和建议。

（二）定期分析研究劳动安全卫生状况，向企事业单位和有关方面反映职工对劳动安全卫生工作的意见、建议和要求。督促和协助企事业单位解决劳动安全卫生方面存在的问题，改善劳动条件和作业环境。

（三）参与本单位集体合同中关于劳动安全卫生、工作时间、休息休假和工伤保险等条款的协商与制定，维护职工劳动安全卫生的权利、休息休假的权利和享受工伤保险的权利。对集体合同、劳动合同中劳动安全卫生条款的执行情况进行监督检查。

（四）制止违章指挥、违章作业。组织或协同行政进行安全生产检查，组织职工代表对劳动安全卫生工作进行督查。对事故隐患和职业危害作业点建立档案，监督整改和治理，并督促企事业单位防范事故和职业危害。

（五）对违反国家法律法规、不符合劳动安全卫生标准规定的问题，提出整改意见；问题严重的，向企事业行政提出书面整改意见，对拒不整改的，要求政府有关部门采取强制性措施。

（六）监督检查新建、扩建和技术改造工程项目的劳动安全卫生设施与主体工程同时设计、同时施工、同时投产使用。

（七）参加职工伤亡事故调查和处理，查清事故原因和责任，提出对事故责任者的处理意见，监督和协助企事业单位采取防范措施。对发生的职工伤亡事故和职业病进行研究、分析，总结教训，提出建议。

（八）在生产过程中发现明显重大事故隐患和严重职业危害，并危及职工生命安全的紧急情况时，要求企事业行政或现场指挥人员采取紧急措施，包括立即从危险区内撤出作业人员。同时支持或组织职工采取必要的避险措施并立即报告。

（九）宣传国家劳动安全卫生法律法规、政策及企事业的规章制度，结合实际情况，组织和发动职工开展安全生产活动，教育职工遵章守纪，提高职工的安全意识和技能。

（十）督促企事业单位按国家有关规定发放劳动安全卫生防护用品、用具，监督企事业单位定期对职工进行健康检查。监督企事业单位履行对职业病人的诊断、治疗和康复的责任，督促落实工伤待遇及职业病损害赔偿。监督和协助企事业单位落实女职工和未成年工特殊保护的有关规定。

第七条　企事业单位对工会劳动保护监督检查委员会的工作应给予支持，并提供相应的工作条件。对阻挠监督检查工作的单位和个人，有权要求有关部门严肃处理。

第八条　上级工会组织支持基层工会劳动保护监督检查委员会的工作，对工作成绩显著的劳动保护监督检查委员会给予表彰和奖励。

第九条　本条例解释权属中华全国总工会。

第十条　本条例自颁布之日起实施。

工会小组劳动保护检查员工作条例

第一条 为保障国家劳动安全卫生法律法规及企事业规章制度落实到班组，发挥职工劳动保护监督检查作用，制定本条例。

第二条 在工、交、财贸、基本建设等行业的企事业生产班组中，设立工会小组劳动保护检查员。工会小组劳动保护检查员经民主推选产生，在基层工会劳动保护监督检查委员会领导下工作。

第三条 工会小组劳动保护检查员应具有一定的劳动安全卫生知识，敢于坚持原则，责任心强。

第四条 工会小组劳动保护检查员的职权：

（一）协助班组长落实国家劳动安全卫生法律法规及企事业规章制度，创建安全生产合格班组。

（二）查询工作场所存在的职业危害和企事业单位相应的防范措施。

（三）督促和协助班组长对本班组人员进行安全教育，提高安全生产意识和技术技能。

（四）制止违章指挥、违章作业。

（五）对生产设备、防护设施、工作环境进行监督检查，发现隐患及时报告，督促解决。

（六）发现明显危及职工生命安全的紧急情况时，应立即报告，并组织职工采取必要的避险措施。

（七）发生伤亡事故，迅速参加抢险、急救工作，协助保护事故现场，并立即上报。

（八）监督企事业单位提供符合国家规定的劳动条件、按规定发放个体防护用品。向企事业单位提出不断改善劳动条件和作业环境的建议。

（九）因进行正常监督检查活动而受到打击报复时，有权上告，要求严肃处理。

第五条 工会组织对工会小组劳动保护检查员的工作应予以支持。对做出贡献的工会小组劳动保护检查员，上级工会组织给予表彰和奖励。

第六条 本条例解释权属中华全国总工会。

第七条 本条例自颁布之日起实施。

中华全国总工会办公厅印发《关于加强工会劳动保护工作的意见》的通知

（总工办发〔2020〕19号　2020年11月11日）

各省、自治区、直辖市总工会，各全国产业工会：

《关于加强工会劳动保护工作的意见》已经中华全国总工会第十七届书记处第32次会议审议通过，现印发给你们，请结合实际抓好贯彻落实。

关于加强工会劳动保护工作的意见

工会劳动保护工作是法律赋予工会组织维护职工安全健康权益的一项重要职责，是工会工作的一项重要任务，在国家安全生产和职业病防治工作中发挥着重要作用。为进一步加强工会劳动保护工作，推动新时代工会劳动保护工作创新发展，切实维护职工安全健康权益，现提出以下意见。

一、深刻认识加强工会劳动保护工作的重要意义

党的十八大以来，习近平总书记高度重视安全生产工作，就安全生产发展理论、责任体系、深化改革、依法治理、科技创新、源头治理，应急救援等方面，作出了一系列重要讲话和指示批示。党的十九大明确指出要树立安全发展理念，弘扬生命至上、安全第一的思想，健全公共安全体系，完善安全生产责任制，坚决遏制重特大安全事故，提升防灾救灾能力，把实施健康中国战略作为保障和改善民生的重要任务，为加强工会劳动保护工作进一步指明了方向，提出了要求。加强工会劳动保护工作，是贯彻落实习近平总书记关于安全生产工作系列重要指示批示精神的应有之义，是促进企业安全发展的有效举措，是维护职工安全健康权益的必然要求，是团结动员广大职工为国家安全生产和职业病防治形势持续稳定好转建功立业的具体体现。新时代工会劳动保护工作只能加强，不能削弱；只能改进提高，不能停滞不前。各级工会要深刻领会习近平总书记

关于安全生产工作系列重要指示批示精神，提高政治站位，从增强“四个意识”、坚定“四个自信”、做到“两个维护”的政治高度，充分认识做好工会劳动保护工作的重要性，以认真负责的态度和有力有效的措施切实把工会劳动保护工作抓紧抓实抓好。

二、准确把握工会劳动保护工作的总体要求

以习近平新时代中国特色社会主义思想为指导，全面落实党中央、国务院关于安全生产和职业病防治工作的重大决策部署，牢固树立以人为本、生命至上的安全发展理念，切实履行法律赋予工会组织的职责，有效维护职工的安全健康权益。充分发挥工会组织作用，不断深化以“安康杯”竞赛为载体的群众性安全生产和职业病防治活动，大力提升工会劳动保护监督检查水平，努力提高广大职工的安全意识和技能，团结动员广大职工为国家安全生产和职业病防治形势持续稳定好转建功立业。

三、积极推动事关职工安全健康权益法律法规和政策的制定和完善

（一）深入开展调查研究。针对工会劳动保护工作面临的新形势、新任务、新情况和职工群众最关心、最关注的难点热点问题开展调查研究，深入分析问题产生的原因，提出有针对性、可操作的对策措施建议。通过各级人大和政协提案议案、参与同级政府联席会议、参与各级安全生产委员会等渠道，及

时反映涉及职工安全健康的利益诉求，推动实际问题的解决。

（二）积极参与法律法规和政策的制定修改。积极参与安全生产、职业病防治、工伤保险、女职工劳动保护等事关职工安全健康权益的法律法规和政策的制定完善，提出工会主张，反映职工的意愿和合理诉求，切实从源头上维护职工合法权益。把基层在实践中创造出的可借鉴可复制的好经验好做法总结提炼出来，上升到法律法规政策层面，积极推动涉及职工安全健康权益的法律法规政策的不断完善。

四、督促企业做好安全生产和职业病防治工作

（一）督促企业落实主体责任。切实履行法律赋予工会的监督职责，督促企业贯彻落实安全生产相关法律法规，履行安全生产主体责任和企业全员安全生产责任制，执行安全生产规章制度和操作规程，加强现场安全管理和重大危险源监控，强化关键设施装置安全运行维护和落实安全防范措施。督促建立健全职业病防治责任制，采取职业病防治管理措施，采用有效的职业病防护设施。加大资金投入，实施安全生产和职业病防治教育培训计划，提高企业安全生产和职业病防治水平。

（二）落实职工在安全生产和职业病防治中的民主权利。督促企业充分发挥职代会作用，保障广大职工的知情权、参与权、表达权、监督权。在制定涉及职工安全健康合法权益的规章制度、确定涉及安全生产和职业病防治的重大事项时，要广泛征求职工意见，经过职代会审议通过。在开展劳动安全卫生集体协商、签订专项集体合同时，要与职工认真协商达成共识，经

职代会审议通过。积极推动企业建立健全重大隐患治理情况向负有安全生产监督管理职责的部门和企业职代会“双报告”制度。

（三）参与安全生产监督检查。积极配合协助政府或企业开展安全生产和职业病防治监督检查，促进企业和职工增强安全意识，消除生产过程中的不安全因素。工会要主动监督、敢于监督、善于监督，对监督检查中发现的违章指挥、强令职工冒险作业、生产设备安全隐患突出、职工培训不足等危害职工安全健康权益的重大问题，要依法采取相应措施予以制止，并向政府相关部门反映，提出工会的处理意见，督促、跟踪企业及时整改。

（四）参加职工伤亡事故的调查处理。按照《工会法》《安全生产法》和《生产安全事故报告和调查处理条例》的规定，依法参加事故调查处理。在参加事故调查过程中，重点关注职工伤亡程度、抢险救援进展、受灾职工安置、职工是否获得工伤保险待遇等方面。要旗帜鲜明维护伤亡职工的合法权益，按照事故原因未查清不放过、责任人员未处理不放过、整改措施未落实不放过、有关人员未受到教育不放过的“四不放过”原则，提出工会组织的意见和建议。及时做好职工伤亡事故的信息上报和统计分析工作，研究事故发生规律，协助事故单位制定和改进工作措施，预防同类事故反复发生，保护更多职工免受伤害。

（五）参与监督“三同时”的实施。生产经营单位工会要督促本单位新建、改建或扩建的工程项目严格落实法律法规和标准规范，劳动安全卫生设施必须与主体工程同时设计、同时施工、同时投入生产和使用，对不符合“三同时”规定或安全卫生设施不达标的，要向有关部门反映，提出改进意见和建议，并督促整改。

五、切实提升职工的安全意识和安全技能

（一）加大宣传力度。积极配合政府或企业开展“安全生产月”、《职业病防治法》宣传周等活动，积极营造良好的安全生产和职业病防治氛围。充分利用宣传栏、职工书屋、工人文化宫等工会宣传阵地，通过网络、短视频等新媒体工具多角度、全方位向企业和广大职工宣传习近平总书记关于安全生产和职业病防治的重要指示精神，宣传党中央、国务院关于安全生产和职业病防治的重大决策部署，宣传安全生产和职业病防治的法律法规和技术规范，引导企业和职工树立正确的安全价值观和行为准则，建设健康向上的安全文化。

（二）强化教育培训。督促和协助企业做好职工安全生产和职业病防治教育培训工作，落实新入职员工、车间班组、企业“三级”安全教育培训，特别是农民工上岗前的安全生产和职业病防治知识培训。充分发挥工会“大学校”作用，通过举办学习培训班、组织职工开展针对安全生产和职业病防治的“小发明、小创造、小革新、小设计、小建议”活动、探索开展职工劳动保护技能竞赛等形式，培养职工的安全意识和安全习惯，提高职工的事故防范、应急处置和自我保护能力，不断提升职工的安全技能和水平。

六、充分调动职工群众参与安全生产和职业病防治的积极性

（一）深入开展“安康杯”竞赛。进一步贯彻中华全国总工会、应急管理部、国家卫生健康委员会《关于进一步深化全国“安康杯”竞赛活动的指导意见》，深入研究和准确把握竞赛的特点和规律，创新竞赛活动的形式和内容，探索开展互联网+“安康杯”竞赛活动方式，不断扩大竞赛活动的覆盖面。严格规范竞赛活动的评选、表彰和管理工作，提升竞赛活动的规范化水平，提高竞赛活动的质量和效果。把开展“安康杯”竞赛与工会组建、劳动和技能竞赛、创建劳动关系和谐企业活动等有机结合起来，相互促进、相得益彰，推动竞赛广泛深入持久开展。

（二）组织职工开展隐患排查治理。按照《中华全国总工会关于组织职工开展安全生产隐患排查治理工作的意见》的要求，充分调动广大职工的积极性和主动性，组织动员职工立足岗位开展隐患排查，把隐患当事故来对待，力争把事故隐患解决在萌芽状态。要建立安全生产奖励举报制度，公布举报电话，设立举报电子邮箱，畅通举报渠道，为广大职工参与举报生产事故和严重职业危害提供便利。要认真受理举报的问题，保护举报人的合法权益，及时将举报内容向当地政府或该企业反映，对举报信息内容经核实属实的，依据事故隐患分级给予奖励，所需经费由各级工会从年度经费预算中列支。

（三）加强安全型班组建设。协助企业充分发挥班组在企

业安全生产与职业病防治中的基础性作用，进一步完善和强化班组安全管理，逐步实现班组安全管理标准化、规范化、制度化，把“安全第一、预防为主、综合治理”的安全生产方针落实到班组，把班组打造成为安全生产和职业病防治的第一道防线。把安全型班组建设与建设“职工小家”和创建“工人先锋号”等活动紧密结合起来，切实提高班组安全建设水平。

（四）做好特殊条件、特殊环境下劳动保护工作。推动加强和规范高温、低温、有毒有害等特殊工作环境劳动者的职业健康保护，强化重点行业和工种职工劳动保护措施落实情况的监督检查。督促用人单位加强从业职工的健康监护，规范建立职业健康监护档案并定期评估，落实防暑降温、防寒保暖、劳动保护用品发放等措施。积极开展暑期“送清凉”活动，做好工会户外劳动者服务站点建设工作，细化服务项目，解决户外作业职工的实际困难。

七、加强和提供工会劳动保护工作的组织保障

（一）加强组织领导。各级工会要站在全局的高度，把进一步加强工会劳动保护工作摆上重要议事日程，制定工作规划，完善工作措施，加强监督检查，确保工作实效。主要负责同志要亲自谋划、亲自部署、亲自推动，统筹协调工会内外资源，在人、财、物等方面给予大力支持和保障，着力解决工会劳动保护工作中遇到的困难和问题，为做好工会劳动保护工作创造良好条件。

（二）注重队伍建设。切实加强工会劳动保护干部队伍建

设，确保有专门机构或专人负责工会劳动保护工作。加强对工会劳动保护干部的关心和培养，通过多种途径和方式加强对工会劳动保护干部的培训，提高工会劳动保护干部的政策理论水平和专业技术水平。进一步完善各级群众性安全监督检查队伍网络，注重对工会劳动保护监督检查员的管理考核、业务指导和定期培训，积极探索有效的激励机制，充分调动他们的积极性和主动性，做到敢监督、善监督。

（三）形成工作合力。积极争取党政支持，发挥好各方面的作用，寻求更多的资源和手段，为工会劳动保护工作创造良好的环境和条件。要从组织建设、民主管理、集体协商、法律工作、权益保障、经济技术、网络工作、资金投入、人才支持等多方面发力，形成齐抓共管的工作格局。要充分发挥产业工会熟悉产业、贴近企业和联系职工的优势，引导推动各级产业工会积极开展工会劳动保护工作。

（四）抓好典型示范引领。加强对工会劳动保护工作的指导，认真总结地方、产业和企业的典型经验，把在工作实践中创造出来的行之有效的、具有引领性的做法加以推广。充分发挥典型经验的示范引领作用，鼓励积极探索建立健全群众化、社会化、网络化的工作运行机制，积极运用“互联网+”、大数据、区块链等新技术手段和购买社会服务方式开展工会劳动保护工作，提高工作的科学性和实效性。

各省（区市）总工会根据本意见，结合自身实际制定实施措施，贯彻落实情况及时报全国总工会。

中华全国总工会　应急管理部
国家卫生健康委员会关于进一步
深化全国“安康杯”竞赛活动的指导意见

（总工发〔2019〕22号　2019年6月24日）

全国“安康杯”竞赛活动，是围绕党和国家安全生产和职业病防治工作大局、动员组织全国亿万职工开展的群众性安全生产和职业健康活动，是学习贯彻习近平新时代中国特色社会主义思想的重要举措，是推动安全生产和职业健康工作的有效载体，是维护广大职工安全健康权益的重要手段，是营造良好安全生产氛围的重要平台。为主动适应新时代对安全生产和职业健康工作提出的新要求，进一步推动“安康杯”竞赛活动的深入开展，提出以下意见。

一、总体要求

（一）指导思想。

以习近平新时代中国特色社会主义思想和党的十九大精神为指导，深入贯彻习近平总书记关于安全生产和职业健康工作的重要指示精神，落实党中央、国务院的各项决策部署，坚持以人民为中心，牢固树立安全发展理念，大力弘扬生命至上、安全第一的思想。以贯彻落实《中共中央国务院关于推进安全生产领域改革发展的意见》为抓手，以预防生产安全事故和控制职业病危害为重点，积极推动企业主体责任、全员安全生产和职业病防治责任制的落实，广泛组织开展群众性安全生产和职业病防治活动，扎实推进企业安全健康文化建设，努力提升企业安全生产和职业病防治水平，切实维护职工安全健康权益，为决胜全面建成小康社会提供良好的安全生产环境。

（二）基本原则。

——坚持围绕大局。深入贯彻落实习近平总书记关于安全生产和职业健康工作的重要指示精神，不断提高政治站位，切实把思想和行动统一到党中央、国务院的决策部署上来，把竞赛活动放到党和国家工作大局中去谋划和推动。

——注重职工参与。“安康杯”竞赛活动是以广大职工为主体的群众性竞赛活动，职工群众的广泛参与是“安康杯”竞赛活动的重要基础和生命力所在。要采取有效措施，切实把职工组织起来，参与到竞赛活动中去。

——突出维护职能。要充分发挥竞赛活动在维护职工安全健康权益中的重要作用，通过竞赛活动，增强职工的安全意识、责任意识、应急处理和自我保护能力，更好地维护职工安全健康权益，进一步提升职工的安全感、获得感、幸福感。

——强化改革创新。要以推进安全生产领域改革发展为契机，主动适应新时代对安全生产和职业病防治工作提出的新要求，围绕理论创新、制度创新、体制机制创新、科技创新和文化创新，不断推动竞赛活动创新发展。

——有效整合资源。要加强统筹谋划，整合资源，主动协作，充分调动各方面积极性，推动形成党政支持、工会主导、部门联动、企业运作、职工参与的工作格局。

（三）主要目标。

“安康杯”竞赛活动参赛范围不断扩大，吸引更多的企业特别是中小微企业和农民工比较集中的劳动密集型企业参赛，逐步实现竞赛全覆盖；安全生产工作持续稳定健康发展，企业全员安全生产和职业病防治责任制进一步落实，安全健康文化建设进一步加强，职工安全责任意识和应急能力进一步增强；企业职业病防治主体责任不断落实，工作场所作业环境持续改善；最终达到降低生产安全事故和减少职业病发病的目的。

二、具体措施

（四）突出竞赛活动重点。各级竞赛组委会和参赛单位要制定切实可行的“安康杯”竞赛活动推进规划，着重围绕安全生产和职业病防治教育培训，提升职工安全技能和职业病防护水平；围绕企业安全健康文化建设，引导企业营造人人讲安全健康、事事重安全健康、处处保安全健康的安全生产环境；围绕隐患排查治理活动，构筑群防群治安全生产防线；强化职业健康文化建设，扎实开展职业病危害治理；围绕班组安全建设，引导企业进一步夯实安全生产和职业病防治基础；围绕推动落实企业全员安全生产和职业病防治责任制，建立“层层负责、人人有责、各负其责”的工作体系。通过竞赛活动，把安全生产和职业病防治的各项措施落实到每个岗位、每名职工，营造健康和谐的安全生产环境，形成人人重安全和职业健康、人人懂安全和职业健康、人人抓安全和职业健康的良好局面。

（五）丰富竞赛形式和内容。各级竞赛组委会和参赛单位要围绕竞赛主题，进一步丰富和创新竞赛活动，做到既与时俱进又适应企业发展需要，既围绕大局又贴近实际，既体现行业特色又突出区域特点。要把“安康杯”竞赛与劳动和技能竞赛、工会劳动保护等工作有机融合，通过技术培训、技能比武、岗位练兵、应急演练等活动，全面提升职工安全防护和职业病防治的意识和技能，着力提高竞赛的质量和效果。要充分吸收职工的意见建议和需求，采取职工喜闻乐见的形式，将竞赛活动变为职工的自觉行动，鼓励并激发广大职工自觉学习安全生产和职业病防治知识，掌握自我防护和自救互救技能。

（六）扩大竞赛活动覆盖面。各级竞赛组委会要结合实际，继续推广城市、乡镇、街道、社区和工业园区试点经验，吸引更多企业和职工参加到竞赛活动中来，进一步扩大活动覆盖面。把煤矿、建筑、交通、石油、化工、电力等高危行业和非公中小企业以及设备、技术、工艺落后的企业作为重点领域，把一线职工、农民工、重体力劳动职工等群体作为重点对象。

（七）加大竞赛宣传力度。充分发挥主流媒体的权威性和新媒体的便捷性，将竞赛宣传与安全生产和职业病防治相关法律法规的宣传结合起来，与“安全生产月”、《职业病防治法》宣传周等活动结合起来，多角度、全方位向广大职工进行宣传，建设健康向上的安全和职业健康文化，培养职工安全防护、职业病防治意识和职业习惯，真正用深厚的安全健康文化铸起安康盾牌。

三、组织保障

（八）高度重视，精心组织。各级竞赛组委会要高度重视，加强对竞赛活动的组织领导，要按照全国竞赛组委会的要求，制定符合自身特点和实际的竞赛方案。要创新方式方法，不断完善竞赛机制，努力做到竞赛规划科学周详、竞赛方案符合实际、工作措施具体可行、督促检查坚强有力、激励机制健全有效。要结合各级工会和参赛单位自身实际，建立健全竞赛活动评选推荐机制，根据新的形势和任务，推动“安康杯”竞赛活动创新发展。

（九）加强监督，务求实效。各级竞赛组委会要加强对“安康杯”竞赛活动的监督，及时指导“安康杯”竞赛活动的开展，认真履行监督检查职责，根据竞赛考核标准对参赛单位进行检查、考核。把“安康杯”竞赛活动纳入各级政府安全生产责任制考核内容，推动竞赛活动与安全生产和职业病防治工作同部署、同推进、同落实。

（十）总结经验，示范引领。认真总结各地、产业和企业开展竞赛活动的典型经验，把实践中创造出来的行之有效的、具有引领性的活动经验，及时上升到制度层面固定下来、加以推广，广泛宣传各地、产业和企业开展竞赛活动的成功经验，组织开展各单位相互学习交流活动，充分发挥典型经验的示范作用，以点带面推动竞赛活动深入开展。

中华全国总工会办公厅印发《关于加强职工安全文化建设的指导意见》的通知

（总工办发〔2023〕10号　2023年4月21日）

各省、自治区、直辖市总工会，各全国产业工会，中央和国家机关工会联合会，全总各部门、各直属单位：

现将《关于加强职工安全文化建设的指导意见》印发给你们，请结合实际认真贯彻落实。

关于加强职工安全文化建设的指导意见

职工安全文化是安全文化和职工文化的重要组成部分，是尊重职工生命、保护职工安康、实现职工价值的文化，体现为企业和职工对安全的态度、思维及采取的行为方式。为更好发挥工会在安全生产工作中的积极作用，加强职工安全文化建设，夯实安全生产工作群众基础，现提出如下意见。

一、总体要求

（一）指导思想。以习近平新时代中国特色社会主义思想为指导，全面学习贯彻党的二十大精神，深入学习贯彻习近平总书记关于工人阶级和工会工作的重要论述、关于安全生产重要论述，落实党中央、国务院的各项决策部署，牢固树立安全发展理念，坚持“安全第一、预防为主”，坚持全心全意依靠工人阶级的方针，以社会主义核心价值观为引领，以更好服务职工、满足职工安全文化需求为中心，以强化主人翁意识为关键，积极推进职工安全文化建设，为经济社会高质量发展提供有力的思想保证、舆论支持和精神动力，以新安全格局保障新发展格局，推动实现高质量发展。

（二）基本原则。

——坚持党的领导。各级工会党组织要切实担负起政治责任，加强对职工安全文化建设的政治领导、思想领导、组织领导。

——以职工为中心。以尊重职工、爱护职工、维护职工生命安全和身体健康为根本出发点，推动企业积极培育职工认可的安全理念、安全价值观和安全行为规范，实现人人学安全、懂安全、保安全。

——紧扣企业发展。把职工安全文化建设与当地经济社会发展、企业生产经营结合起来，贴近企业、贴近职工，调动广大职工参与安全文化建设的积极性和主动性，筑牢企业安全生产的群众基础，构建安全文化和企业发展相互促进的良好态势。

——秉持共建共享。积极与同级党委、政府职能部门、企业联合会、安全生产协会、社会机构、专业文化团体沟通协调、密切配合，推动建立党委领导、行政支持、工会运作、职工参与的职工安全文化工作机制，形成“人人参与、人人建设、人人享有”的安全文化氛围。

——持续深化创新。职工安全文化建设要随着经济社会发展和企业生产经营条件的变化，在实际工作中不断总结经验，调整改进，创新工作内容、形式和方法。

（三）主要目标。经过持续努力，企业安全生产氛围进一步营造，职工安全文化建设水平进一步提升，企业全员安全生产责任制进一步落实。职工的安全意识和安全技能进一步增强，自我保护能力明显提升，基本实现从“要我安全”到“我要安全”、“我会安全”、“我能安全”的转变。

二、主要举措

（一）督促企业落实职工安全文化建设主体责任。

1. 弘扬安全文化理念。各级工会要大力弘扬“人民至上、生命至上”、“统筹发展与安全”、“安全是发展的前提，发展是安全的保障”、“发展绝不能以牺牲安全为代价”、“安全第一、预防为主”等安全文化理念，推动企业结合行业特点和企业文化传统，在企业职工中广泛征集富有特色、导向正确、职工认同的职工安全文化理念（包括安全核心价值观、安全愿景、安全使命、安全目标、安全口号等），并通过举办培训班、论坛、研讨会、演讲比赛等方式梳理提炼后，在报刊、宣传栏、网络等平台上予以具体化、可视化、形象化呈现，让企业决策层、管理层和全体职工处处能看见，时时有提醒。推动企业把安全文化理念渗透到生产经营一切活动中，日积月累、潜移默化，逐渐固化为行为准则，引导职工养成良好的安全行为习惯。

2. 构筑企业层层负责的安全屏障。各级工会要督促企业落实全员安全生产责任制，让决策层、管理层、全体职工都要清楚自己所应承担的安全责任，主动担责。决策层要树立正确的安全观念，在确立发展目标、制定发展规划、构建管理体系、建立监管机制、落实安全责任等决策过程中始终坚持“安全第一”，并就确保安全目标做出承诺。管理层要以身作则，充分发挥表率和示范作用，提升自身安全文化素养，建立并严格执行安全管理制度，落实安全责任，给予充分的安全措施和资源保障，以审慎的态度处理安全相关问题。全体职工要正确理解和认识各自的安全责任，严格执行各项安全规定，形成人人都是安全的创造者和维护者的工作氛围，做到懂安全、会安全、保安全。

3. 推动企业开展职工安全文化建设。各级工会要推动企业按照“先简单后丰富、先启动后完善、先见效后提高”的思路，积极开展以“三化”、“五有”为主要内容的职工安全文化建设。“三化”：一是“体系化”，实现职工安全文化与企业安全管理有机融合，构建起思想引领、安全预防、宣传教育、安全责任、安全监督等体系；二是“制度化”，具备健全完善的教育、培训、考核、监督、评估、承包商安全管理等安全文化制度并及时修订完善，做到“凡事有章可循，凡事有据可查，凡事有人负责，凡事有人监督”；三是“标准化”，实现安全管理、操作行为、设备设施和作业环境等标准化建设有效开展。“五有”：一是“有目标”，根据所处行业和企业特性，研究制定符合自身发展的安全文化目标和实现方式；二是“有计划”，制定职工安全文化建设计划，对计划的执行情况进行过程监督和管控；三是“有抓手”，有推进工作的重点项目和专项活动，有工作平台和载体；四是“有保障”，有专项领导机构和执行团队、稳定的经费保障和考核评价激励措施；五是“有成效”，经过培育建设，有效增强职工的安全意识、安全技能。

（二）强化主人翁意识，切实发挥好职工作用。

4. 加强职工思想政治引领。各级工会要牢固树立安全发展理念，坚持把贯彻落实习近平总书记关于安全生产重要论述与加强职工安全文化建设结合起来，通过组织学习、专题辅导、公益宣传、警示教育等各类线上线下活动，加强对职工的思想教育和引导，提高职工对安全文化建设重要性的认识，充分调动起广大职工参与安全文化建设的积极性和主动性。

5. 支持鼓励职工做“安全生产吹哨人”。各级工会要督促企业保障职工在安全生产领域的民主政治权利，依法保障职工的知情权、参与权、表达权、监督权，切实提高职工主人翁地位。组织职工开展“隐患随手拍”、安全合理化建议等活动，发挥职工“哨兵”作用。建立完善隐患举报奖励制度，设立举报电话、信箱、电子邮箱等，及时向社会公布，向职工宣传政府、工会等设立的安全生产隐患举报渠道和有关安全生产政策，鼓励职工积极反映真实的安全生产隐患和问题，依法维护职工的合法权益。

（三）发挥工会组织优势，全面构建推进职工安全文化建设良好环境。

6. 加强职工安全文化阵地建设。各级工会要充分利用工匠学院、工人文化宫、职工书屋、户外劳动者驿站等线下平台和“技能强国——全国产业工人学习社区”等线上平台，设置职工安全文化专区，提升安全宣传教育培训功能，推进工会系统的职工安全文化阵地建设。鼓励有条件的企业在职工聚集区建设职工安全教育中心、安全文化场馆，建立劳模和工匠人才安全创新工作室。积极争取党委政府的支持，联合企业联合会、安全生产协会、社会机构、专业文化团体等单位，创作丰富的安全漫画、安全歌曲、安全小视频等职工安全文化作品，打造系列职工安全文化阵地。

7. 提供职工安全文化服务。各级工会要发挥工会“大学校”作用，加强职工安全宣传教育培训，利用报纸、电视、广播、杂志等传统媒体和“三微一端”等新媒体工具，深入企业、车间、班组和广大职工中，广泛开展安全生产宣传和职工安全知识普及，提高职工的事故防范、应急处置和自我保护能力，营造良好安全文化氛围。充分发挥工匠学院、职工安全教育中心等职工安全文化阵地作用，定期组织企业负责人、管理人员和职工参加安全生产教育培训。特别是针对小微企业和灵活用工企业，要加强安全生产宣传、教育培训、消防演练、安全监督等工作。

8. 广泛开展职工安全文化活动。各级工会要围绕“举旗帜、聚民心、育新人、兴文化、展形象”的使命任务，广泛开展带有“工”字特征、体现“工”字内涵、彰显“工”字精神的职工安全文化活动。要结合“安康杯”竞赛、“安全生产月”、《职业病防治法》宣传周、“小发明、小创造、小革新、小设计、小建议”、劳动和技能竞赛等活动，创新开展企业和职工喜闻乐见、形式多样、线上线下相结合的安全文化主题活动，打造“中国梦·劳动美”系列职工安全文化品牌。鼓励开展区域性、行业性的职工安全文化艺术节、示范性展演、才艺擂台赛等活动，不断提高职工参与率、覆盖率。

9. 鼓励设立工会安全巡访员队伍。鼓励各级工会依托熟悉业务的工会干部、聘请在职或退休的安全生产领域专家，建立工会安全巡访员队伍。按照法律赋予工会在安全生产工作中的职责，组织安全巡访员定期到企业开展工作，采取工作指导、宣传教育、培训提升等措施，督促企业落实好安全生产主体责任。

10. 协助督促企业做好安全风险防范。针对电气焊作业和消防、矿山、危险化学品、交通运输、建筑施工、城镇燃气、烟花爆竹、工贸、自建房、“三合一”及人员密集场所、供电供热、军工、文化旅游、农机、水利、特种设备等重点行业领域企业，加大工会劳动保护监督检查力度，督促企业落实安全生产主体责任和企业全员安全生产责任制，执行安全生产规章制度，加大安全生产投入力度，加强现场安全管理和重大危险源监控，强化关键设施装置安全运行维护和落实安全防范措施。

11. 持续改进和提升职工安全文化建设水平。各级工会要充分认识职工安全文化建设的阶段性、复杂性和持续改进性，探索建立职工安全文化建设评价指标体系，查找职工安全文化建设中存在的薄弱环节并提出改进措施，持续提升职工安全文化建设水平。要指导企业结合行业领域特点和企业实际定期开展职工安全文化建设自我评价、监测和结果分析，组织开展区域性职工安全文化建设评价活动，开展示范性创建活动。

12. 总结表彰一批职工安全文化建设先进典型。各级工会要经常性地开展调查研究和指导帮扶工作，及时总结提炼各地、各单位在加强职工安全文化建设方面的好经验好做法，广泛宣传、大力推广。要聚焦国家重大战略、重大工程、重大项目、重点产业，悉心指导、重点培育一批职工安全文化建设先进典型，发挥其示范引领作用。对职工安全文化建设实效突出的企业、工会和个人，在工会组织的各类评先推优项目中给予优先考虑。加大职工安全文化建设在全国“安康杯”竞赛活动评比指标中的比重，表彰一批在职工安全文化建设中涌现出来的先进集体和优秀个人，进一步激发企业、工会和职工干事创业的热情和干劲。

三、组织实施

（一）加强组织领导。各级工会要高度重视职工安全文化建设工作，加强组织领导，把职工安全文化建设放在工会整体工作中统筹谋划、系统推进，主要负责同志要亲自抓，定期听取工作汇报，帮助解决工作中遇到的困难。全国总工会负责统筹规划职工安全文化建设工作，指导各级工会加强职工安全文化建设。各省（区、市）总工会、各全国产业工会负责本地区、本产业职工安全文化阵地建设、搭建工作平台、开展活动、为企业和职工提供安全文化服务等工作，指导各类企业广泛开展职工安全文化建设，选择建设水平较高、安全生产绩效较好的企业进行重点培育。各企业工会要积极向企业党委汇报，争取支持，把职工安全文化建设纳入企业管理整体工作，加强与职工的沟通，调动职工参与的积极性、主动性、创造性。

（二）强化队伍建设。加强各级工会专业干部队伍建设，强化安全发展理念，提高工会干部推进职工安全文化建设的组织协调、宣传教育和活动策划能力。从工会干部、社会组织以及一线职工中招募政治素质好、业务能力强的志愿者，建设专兼结合的职工安全文化建设骨干队伍，培养一批职工安全文化建设积极分子。建立职工安全文化建设专家库，吸纳行业领域专家、院校教授、技术技能人才以及具有一定社会影响力的文化人才进入专家库，为职工安全文化建设提供指导和服务。

（三）重点有序推进。坚持从实际出发，根据不同地区、不同行业、不同企业的实际情况，精准施策，走出符合实际的职工安全文化建设之路。采取“整体谋划、分步实施、重点先行、有序推进”思路，聚焦安全生产重点行业领域，制定推进职工安全文化建设的工作规划，设定阶段性目标，重点突破，循序渐进，务求实效。

（四）做好统筹兼顾。要把加强职工安全文化建设与工会安全生产工作有机融合，通过积极开展宣传教育、班组建设、技能竞赛、监督检查、隐患排查、应急演练等工会安全生产工作，为推进职工安全文化建设奠定良好基础。

图书在版编目（CIP）数据

工会劳动保护工作百问百答 / 许素睿编著. —北京：中国工人出版社，2024.6
ISBN 978-7-5008-7788-2

Ⅰ.①工…　Ⅱ.①许…　Ⅲ.①劳动保护－工会工作－中国－问题解答
Ⅳ.①D412.64-44

中国版本图书馆CIP数据核字（2021）第244151号

工会劳动保护工作百问百答

出 版 人　董　宽
责任编辑　赵晨羽　周子欣
责任校对　张　彦
责任印制　栾征宇
出版发行　中国工人出版社
地　　址　北京市东城区鼓楼外大街45号　邮编：100120
网　　址　http://www.wp-china.com
电　　话　（010）62005043（总编室）
　　　　　（010）62005039（印制管理中心）
　　　　　（010）62382916（工会与劳动关系分社）
发行热线　（010）82029051　62383056
经　　销　各地书店
印　　刷　北京市密东印刷有限公司
开　　本　880毫米×1230毫米　1/32
印　　张　7.375
字　　数　160千字
版　　次　2024年7月第1版　2025年4月第2次印刷
定　　价　42.00元

本书如有破损、缺页、装订错误，请与本社印制管理中心联系更换
版权所有　侵权必究